连接更多书与书，书与人，人与人。

阿米巴自运营

谭浩波　著

中华工商联合出版社

图书在版编目（CIP）数据

阿米巴自运营 / 谭浩波著 .— 北京：中华工商联合出版社，2020.2
ISBN 978-7-5158-2648-6

Ⅰ . ①阿… Ⅱ . ①谭… Ⅲ . ①企业绩效—企业管理 Ⅳ . ① F272.5

中国版本图书馆 CIP 数据核字（2019）第 274813 号

阿米巴自运营

作　　者：谭浩波
出 品 人：李　梁
策划编辑：付德华
责任编辑：楼燕青
装帧设计：王桂花
责任审读：郭敬梅
责任印制：迈致红
出版发行：中华工商联合出版社有限责任公司
印　　刷：北京欣睿虹彩印刷有限公司
版　　次：2020 年 6 月第 1 版
印　　次：2020 年 6 月第 1 次印刷
开　　本：710mm×1000mm　1/16
字　　数：220 千字
印　　张：17.75
书　　号：ISBN 978-7-5158-2648-6
定　　价：59.90 元

服务热线：010-58301130-0（前台）
销售热线：010-58301132（发行部）
010-58302977（网络部）
010-58302837（馆配部）
010-58302813（团购部）
地址邮编：北京市西城区西环广场 A 座
19-20 层，100044
http://www.chgslcbs.cn
投稿热线：010-58302907（总编室）
投稿邮箱：1621239583@qq.com

业界推荐

“唯有学习，方能致远。”谭浩波老师的课程，是我数十年学习生涯中听过的为数不多的把理论和实践相结合的好课程。阿米巴经营模式正是帮助企业实现管理变革、提升经营能力、发挥全体员工积极性和创造性的超有效的方式。

**内蒙古塞飞亚集团董事长、全国劳模
第十届、第十一届全国人大代表 | 李秉和**

当企业规模达到上千人时，你根本不了解员工在想什么，如何让每个员工、管理人员以老板的思维方式、老板的目标来思考问题，让全员都去关注公司的发展，本书给了我答案。

上海老板电器总经理 | 张伟

阿米巴是以管理促进经营的一种独特且卓有成效的模式。阿米巴自运营是新常态下企业经营的一次飞跃，是企业战略执行的一种推动力，是对企业核心价值的一次检验。

布谷联盟理事长、辅音国际董事长 | 赵明

谭浩波老师是“经营之神”稻盛和夫的“阿米巴经营哲学”在国内最接地气的践行者之一。当你的组织建设陷入困境、经营发展陷入泥潭的时候，每一个创业者都应该停下来看一看这本书，它能让你感悟“经营服从战略，管理服务经营”的理念！

上海帕科软件科技股份董事长｜吴晓涛

2017年，通过与和效咨询的合作，我们公司的管理层经营意识得到了强化，经营能力得到了提升，经营体系得到了完善。2018年，我们公司的整体利润提高了2.5倍。感谢谭浩波老师，感谢和效咨询。

浙江联欣科技董事长｜赵新立

多个国家多家跨国企业管理的经历，多个行业咨询的经验，多家企业辅导的实践与沉淀，用实力形成专著。《阿米巴自运营》不愧为一本优秀的企业管理好书，值得阅读、收藏！

山东亿鑫电子董事长｜公鑫

20年来，公司一直在狠抓“管理”这条腿，却忽略了“经营”这条腿。通过本书的指导，我希望能够把企业“经营”的这条腿补上。

山西长江实业董事长｜彭晋峰

我们飞宇家具历经11年，管理经营方式一直比较松散，在经营环境比较好时，还体现不出问题，当经营环境不太好时，就会出现一些问题。就在这个时候，我们有机会接触“阿米巴”。谭浩波老师是中国本土阿米巴经营权威专家，在他的细心讲解下，我们学会了如何算账，明白了公司盈亏人人有责，剔除了无效人员，提高了中高层人员的精神气，公司面貌由此焕然一新！在此感谢“阿米巴”的培训老师和团队！

中山飞宇家具董事长｜丁雪梅

阿米巴自运营，实战实效，让模糊管理变得精细有效，让只有老板关注利润变成全员关注利润，特别是在现有经济形势下，竞争让企业利润从薄利、微利到无利，如何调动每一个员工的积极性，通过工作中的每一个点控制费用、降低成本，使企业在激烈的市场竞争中胜出，这就是我们跟随谭浩波老师学习的最大收获。

云南贝尔供应链董事长｜周琬婷

通过谭浩波老师教导的每月的经营会计报表、月度分析与改善，出现了政平集团一批全新的巴长，他们是政平集团的操盘手、CEO，感谢和效咨询谭浩波老师，祝愿和效咨询越来越好。

北京政平建设集团董事长｜李政

让每个人像老板一样操心公司的经营，让每个人像老板一样思考业绩最大化、费用最小化、利润最大化，本书及谭浩波老师的课程值得每一位管理者、经营者深度学习。

申通快递股份副总裁｜李禾

自 序

阿米巴经营模式是被称为日本四大“经营之圣”之一的稻盛和夫所创建的经营手法，它通过把企业划分成一个个小团队，各自独立核算，同时在公司内部培养具备经营者意识的领导人，让全体员工参与经营管理的经营手法。

稻盛和夫不仅用这样的经营手法成就了京瓷、KDDI 两大世界 500 强企业，也同样运用这套经营手法通过一年的时间拯救了连续四年亏损，濒临破产的日本航空公司，并且让日航重新变身成为全世界航空运输公司中首屈一指的高收益企业。

正是基于以上的成就及奇迹，全世界特别是中国企业界掀起了学习、运用阿米巴经营模式的热潮。在中国也涌现出很多的阿米巴经营模式专业培训、咨询机构，还有“正宗”和“非正宗”之说。但是，随着时间的推移，运用阿米巴经营模式的企业有成功的，也有失败的，因此，导致了市面上有很多不同的声音：

1. 阿米巴经营模式不适合中国企业；

2. 阿米巴经营模式只是一套哲学理念；

3. 阿米巴经营模式只是一套精细化核算的管理手段而已；

4. 阿米巴经营模式根本无法落地；

……

其实，我们不用去怀疑阿米巴经营模式，因为稻盛和夫用几十年的积累和事实告诉所有人，这套经营手法是行之有效的，我们唯一要怀疑的是我们是否具备足够的智慧以及能力去汲取其智慧，并为自己的企业所用，从而创造高收益。

我在这20多年的实践积累中，经历过日本企业、美资企业的洗礼和打造，随后又在美资、中国咨询机构从事专业的培训、咨询服务。我接触过很多的企业管理、经营系统，同时在从事专业培训、咨询服务中，直接或间接帮助过3000多家企业获得成长。但是，没有一套系统能让我像今天这样笃定，目前为止阿米巴经营模式是我这些年所接触过这么多的企业管理、经营系统中真正能够让员工做到像老板一样思考，能够真正做到让员工关注企业的效益！

但是，理性及良知告诉我，我不能因为我从事的是阿米巴经营模式的传播及落地工作，就不计后果地误导中国的企业。阿米巴经营模式的导入绝对不是一套简单的工具、方法，它是一套系统工程。因此，在本书中，我并没有纯粹谈阿米巴，而是站在企业“经营”的制高点来看待阿米巴经营模式如何在企业中落地。

正如我的“人生导师”，世界综合格斗创始人——李小龙，对武术的理解及理念那样：武术本身就是一种“格斗”技，讲究的是攻与防，如何在攻、防之间做到平衡。因此，李小龙在咏春拳的基础上，剔除了一切华而不实的动作，做到直截了当，抛却固有的武术门派之分，吸收拳击、柔术、柔道、空手道、击剑等拳术的优点，做到真正的“无为而治”。正是李小龙在武术上的哲学思考让我意识到经营企业也是如此，我们大可不必去纠结到底哪一种经营手法、管理手段及工具最好，每一种都有各自的优缺点，一个真正的经营者必须善于运用各种手段、工具来服务企业。

和效咨询成立于2013年，开创了国内《阿米巴自运营》《绩效阿米巴》

新品类，是国内唯一一家系统性落地阿米巴的专业咨询公司。我们对中国33个城市、315家企业、1958位企业高管展开深入调研，只为成就企业10年利润持续增长！和效咨询成就企业非凡利润的故事还在继续。

稻盛和夫所创立的“阿米巴经营模式”，并不是一套约定俗成的固有方式及工具，我更喜欢把“阿米巴经营模式”称为“经营哲学”，它可以运用到各行各业。和效咨询目前运用这样的经营思维服务过制造行业、贸易行业、物流运输行业、互联网行业等各行各业，并且帮助过太多的企业提升经营利润，同时也帮助过至少3家以上的企业从濒临“破产”到实现“高收益”的转变。所有的原点都是稻盛和夫的“阿米巴经营思维”。

本书是在稻盛和夫的“阿米巴经营”模式的基础上，融合了我20多年的从业经验，从战略、经营、管理、工具、思维、激励、文化等多种维度阐述阿米巴经营模式在中国企业应该如何来落地。我相信，本书将是中国企业“阿米巴经营模式”落地及运用的参考范本，同时也期望通过该书能够帮助更多的中国民营企业真正提升经营水平，创造高收益！

谭浩波

目录 | CONTENTS

Amoeba
Auto-Operation

| 第一章 | CHAPTER 1

中国民营企业经营之殇

你的企业里，谁在关心公司的利润？

思考

作为企业经营者，你是否思考过这样一个问题：在企业里，为何只有老板自己关心利润，而员工却对公司的利润、经营的浪费无动于衷？

根据从业 20 多年的经验，我发现中国很多民营企业身上出现了几种共同现象：

第一，很多企业老板觉得自己太累；

第二，很多企业老板觉得员工老是跟不上自己的节奏；

第三，很多企业员工进步太慢；

第四，很多企业赚钱赚得太过艰辛；

……

这么多问题，归根结底，都是因为在这些企业的经营过程中，真正关注企业经营的人少之又少，甚至有的企业中只有老板一个人在关注经营！为什么这样说呢？我们先来看以下两个实例。

● 案例 1

我在某次课堂上讲到这个观点的时候，一家公司的营销总监就不服气地说道："谭老师，我不完全赞同您的说法。我觉得我也很关心公司的业绩跟利润。"

我："这位学员，首先，不可否认，作为企业的营销人员，的确和公司的营业收入、经营利润有直接的关系，但这并不代表你们就真正在关心企业的利润。我之所以这么说，是因为我看到太多的企业营销人员都有一个共同特质——经常抱怨公司的产品定价高，经常跟公司老板建议降价。我想问，这样的行为是关心公司利润，还是关心自己收入？"

营销总监顿时无语了。

● 案例 2

还有一次上课时，某企业的生产负责人也提出了和上面那位营销总监同样的质疑："谭老师，我也不完全认同您的说法，我认为我们生产人员也很关心公司的各种浪费。"

"好，那为何我看到了太多的企业生产现场出现浪费却无人关注的现象呢？作为贵公司的一个客人，我都能够立马看到浪费，您作为企业内部的资深专业人员，为何却无动于衷呢？"

生产负责人也不知如何作答了。

其实，企业中出现上述案例中我所说的现象的并不在少数。在此，为了证明我所说的观点来之有据，请回想一下：你的企业是否每年都花费大量的时间来制订销售收入和利润目标？然后再仔细想一下：企业在制订年度目标和计划的时候，是谁在承接利润指标呢？最终你会发现，很多企业中真正关注公司年度利润目标的人只有老板自己。

请仔细填写表 1–1。假如打钩意味着有发言权并且对项目很关注，我们会发现，在“公司未来、公司收入、公司支出、公司盈余”所有选项上都能打钩的只有企业经营者自己。而我们通过猎头公司高薪聘请的高管却根本无从知晓，中层管理者和基层员工更是无从了解。

表 1–1　企业经营自检表

关注维度 / 层次	公司未来	公司收入	公司支出	公司盈余
老板				
高管				
中层				
基层				

作为企业真正的经营者，老板的所有精力都聚焦在如何让公司“收入最大化，成本费用最小化，利润最大化”。

● 案例 3

成立于1987年的华为技术有限公司，作为全球领先的信息与通信技术（ICT）解决方案供应商，一直以来都备受瞩目，其取得的成绩与其创始人任正非是密不可分的。

在对华为的评价中，绝大多数人都认为，华为的基因就是任正非的基因，而这一基因，用一个词概括就是“居安思危”。不管是日常经营管理思维、战略，还是贯穿于华为公司发展历史的《华为基本法》，无不在为任正非的“居安思危”做着详细的注脚。

其中在华为2009年发表的《高质量，低成本，构建末端接入产品的竞争能力》一文里，就有这样一段话：“我们要追求合理的利润，不能太高价，过高的价格就会有人进来；也不能太低价，太低价会破坏产业环境，自己也会生存不下去。任何一种产品都可能经历不盈利到盈利的过程，我们要用产品长期的盈利战略支持短期的不盈利战略，关键是要设置一个边际成本点，超过了这个规模量的点之后就能够盈利。”

作为对比，有这样一家企业，因为经营者在“经营利润”上缺失关注和落实，最终公司从巅峰状态陷入动荡与危机。

● 案例 4

成立于 2004 年的乐视曾在其创始人贾跃亭的带领下，提出打造“平台 + 内容 + 终端 + 应用”完整生态系统，这一模式也被业界称为“乐视模式”。

2014 年 12 月，贾跃亭宣布乐视开始实施“SEE 计划”，正式开启打造超级汽车以及汽车互联网电动生态系统的新篇章。然而，正是这一举措为乐视之后的资金链断裂埋下了巨大的隐患，最终导致了贾跃亭与乐视的“败局”。

如图 1–1 所示，从华为和乐视这两家企业创始人的经营理念来说，一家关注“企业利润”，而另一家关注“多元化及流量”而忽视“利润”。所以，最终我们看到的是，华为逐渐成为行业领军企业，而乐视却酿成了“败局”。

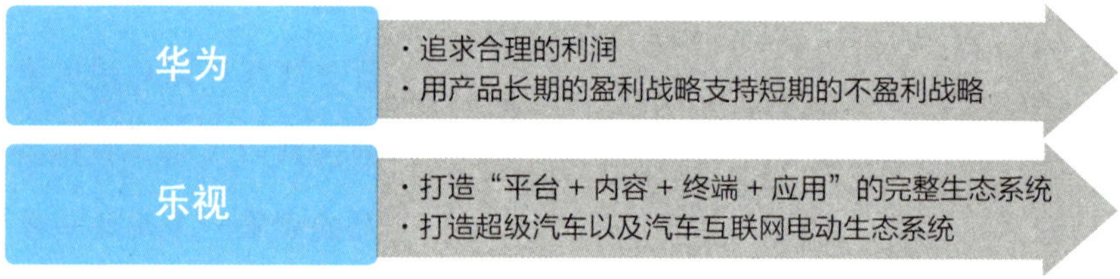

华为
· 追求合理的利润
· 用产品长期的盈利战略支持短期的不盈利战略

乐视
· 打造“平台 + 内容 + 终端 + 应用”的完整生态系统
· 打造超级汽车以及汽车互联网电动生态系统

图 1–1　华为与乐视部分企业经营理念对比图

作为企业的经营者，老板对于企业经营的利润关注是当仁不让的，但反观不少企业的经营现状，我们却经常看到两大怪象。

一、老板因凡事亲力亲为而“累”

【小巴提示】

虽然经营者关注利润的同时也应该注重战略思维，但对于企业来说，利润创造者对利润的关注同样重要。

这类经营者天天忙于抓具体的事物，大到招聘贤人异士，小到决定采购生产设备的品牌配件，每天忙得废寝忘食，几乎把高层管理者和中层管理者所属权力范围内该干的事情都干了。与此同时，高层和中层管理者为了体现自己的价值，又将基层员工该做的具体事务纳入自己工作的范畴。结果，可笑的一幕出现了：基层员工反而有时间思考公司的未来和战略方向，评论企业的管理问题、流程问题、产品定价问题等。试想一下，当一个企业各个层级的人员都没有聚焦于原本属于自己的功能，即职能错位，企业还能健康有序地运作吗？企业的战略实现还有可靠的基础和保障吗？

● 案例 5

2017 年，在对某服装企业的一次辅导中，我曾遇到过这样一个门店店长。该店长是公司专门从同行公司挖过来的，对服装行业也有相当的认知。但是，该店长加入公司不到一个月，就在我们进行门店业绩分析与改善辅导时多次强调要打造属于自己门店的薪酬体系、商品规划体系、门店文化以及门店的战略规划。当然，我们作为辅导老师必须要肯定及表扬该店长的全局思维、高瞻远瞩的眼界，但是该店长似乎忘记了自己的定位——他是一位店长，店长的核心职能就是带领他的团队把服装卖出去，并且实现利润目标。

最后我问了他几个问题：“你打算如何提升门店的进店客流？你打算如何提升门店导购的成交率？你打算如何提升产品毛利？你打算如何提升进店

客户的客单价？你打算如何提升门店人均业绩？”

结果，该店长却哑口无言。

二、经营者因孤军奋战而“累”

应该来讲，最近 15 年是中国的咨询、培训行业发展最为迅速的 15 年，也是这 15 年的兴起让很多企业家朋友从过去的经营、管理“文盲”变成了今天经营、管理界的“文豪”。同时，市场和时代也培养出来很多的企业家“学霸”，这类企业家每年都会花掉不少的资金成本、时间成本到处学习提升或进行不同派别、不同类型、不同领域的培训。本来，学习对于企业的经营是至关重要的，但在现实中，企业家们往往忽略了管理者和员工的成长与进步，导致很多管理者和员工在关键时刻跟不上企业家们的节奏，最后企业家们只能陷入孤军奋战的泥潭。每每企业想要变革时就发现要么员工不理解，要么员工能力跟不上，以至无法支撑公司的变革。

不管是哪种情景，企业经营者都不可避免地看着自己辛苦打造的企业像一座空中楼阁，凌空虚蹈，根基始终不稳，离开自己，企业就无法有效运转，这是困扰企业经营者的一大痛点。

解决这一痛点的关键就在于，对于企业利润的关注只有老板一人是不够的，在对企业经营利润的关注与思考上，重点应放在谁应该关注企业经营利润上。为此，我们需要思考三个问题（如图 1–2 所示）。

这三个问题最终都指向同一个答案——全体员工。一个不争的事实是：无论企业经营者多么关注利润，作为企业利润的创造者，员工对企业利润的最终实现同样重要。

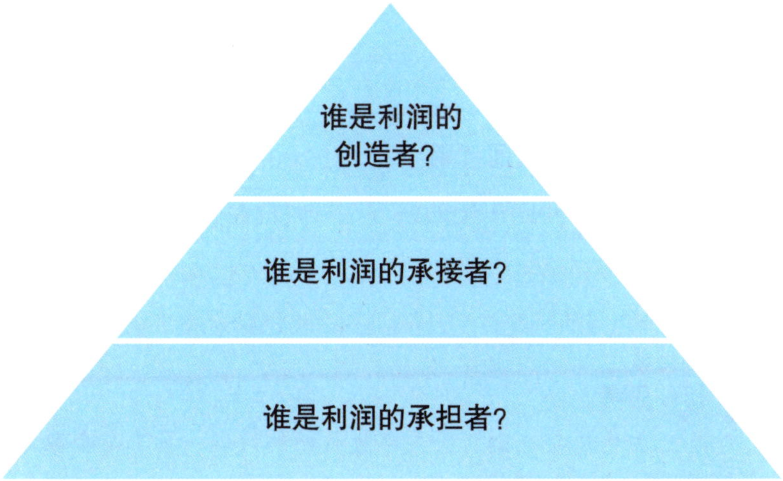

谁是利润的创造者?

谁是利润的承接者?

谁是利润的承担者?

图 1-2　企业经营者关于“利润”创造者的三个思考

在企业经营中，只有老板一人关注利润，而员工对利润漠不关心，是中国民营企业“经营第一殇”。正是这一“利润之殇”，导致了开篇提到的很多中国民营企业出现的几种共同现象。

目标制订为何变成了“菜市场”？

思考

为何每年在制订公司年度目标的时候，员工与企业之间总是存在“讨价还价”？

与企业中谁在关心利润的问题一样，在我以往的企业辅导经历中，在目标制订的问题上很多企业又出现了如出一辙的现象。

在目标制订过程中，无论是大到年度目标的制订，还是小到月目标、周目标、日目标的制订，刚开始一切都井井有条，但具体到每个部门或具体到员工身上的时候局面很快就会开始混乱。

员工之间就彼此目标的多少议论纷纷；

员工和领导之间对目标的多少斤斤计较；

部门之间为目标份额的多少你推我让；

管理者和老板之间就目标讨价还价；

公司全体人员围绕目标最终的确定据理力争；

……

其实，表面上看似热闹非凡的目标制订场景最后却往往很难让员工、管理层、老板这三者达成一致的目标，这是因为在目标制订的过程中大家忽视了两个重要因素：一是目标的合理性；二是目标背后的激励性。

我们先来看下面这个案例。

● 案例

2014 年，我曾经辅导过一家企业规模在中国乃至亚洲都数一数二的皮革企业。在辅导的过程中，围绕 2014 年的总结和 2015 年的规划，我们将整个集团近 100 位高管召集起来，开展了一场为期三天的封闭式会议。

三天会议下来之后，公司老板让我在最后环节给大家说两句。因为三天的时间里确实讲得太多，一开始我准备推辞，但因为盛情难却，于是最后又问了两个问题。

第一个问题是："针对 2015 年的目标，所有的集团高管们，你们有没有信心完成？"

对于这个问题，出乎我的意料，所有人都振臂高呼"有信心"。

第二个问题是："对于 2015 年的目标，你们内心感到激动吗？兴奋吗？"

与第一个问题的回答截然相反，现场鸦雀无声，在不少高管脸上我还看到了质疑的表情。甚至有人直接问我："谭老师，明年增长 50%，我兴奋什么？我激动什么？"

会议结束之后，老板找到我说："谭老师，我明白了。"

我说："你悟性很高。"

他接着说："明年开会的时候，我们在桌上就摆 100 万元现金。"

我当时便不知如何应答了。

其实，这个案例中最后我问的两个问题，第一个问题是在收集大家对于目标合理性的反馈，而第二个问题是在观察目标的制订是否对他们起到了激励作用，也就是目标的背后和他们有怎样的关联。

作为与企业战略密切相关的重要组成部分——目标制订无疑也是企业经营的重要环节。然而，值得我们重视的是，与案例中相似的目标制订情况在现在不少中国民营企业中仍屡见不鲜，这就不得不提到中国民营企业在目标制订过程中常见的三大误区（如图 1–3 所示）。

通常来说，企业目标的制订流程应该以企业战略为起点，自上而下进行分解，才能确保目标与企业战略的紧密性。但反观不少企业目标制订的实际情况，不少民营企业并没有围绕“组织战略”来分步规划，而是按照以下三种方式来制订。

图 1–3　中国民营企业制订目标常见的三大误区

一、照搬历史数据

每年到制订年度目标的时候，让财务进行年度数据分析，先是将历史数据反复验算，再对客户历史成交数据反复揣摩，并按照公司成立以来每年的增长幅度、升降差额、各项比率、人均产出、市场份额占比等数据进行反复推演，模拟预估后直接确定目标指标。

这种目标制订方式所有的环节都围绕企业内部的历史数据来进行，完全忽略了对外部市场形势及行业未来趋势的深入研究。一方面，导致制订的目标缺乏合理性；另一方面，也可能因此导致对员工能否完成目标缺乏评估和预判，将原本应该对员工产生激励的目标转化为员工工作中的无形压力和负担，进而阻碍组织目标和战略的达成。

二、自己拍脑袋

与参照历史数据不同的做法是，还有不少企业在目标制订上靠老板和管理层拍脑袋决定。

例如，每到目标制订环节，老板和管理层在一番鼓吹行业前景、大力振奋人心之后，趁着员工士气高涨、热血沸腾，随即决定下一年目标在上一年完成的额度上增长50%或40%。出乎意料的是，员工对此并不“买单”，相反，他们会想方设法与老板和管理层周旋，提出各种理由不断下调目标。而一场企业内部关于目标制订的博弈战也正式打响，博弈双方因为陷入持久的拉锯战而不得不各退一步达成妥协，最后定下一个双方都勉强接受的“居中目标”。

尽管最终双方达成一致，但目标的合理性和激励性却荡然无存，及至年底对目标进行总结的时候，发现实际完成情况与年初的目标

【小巴提示】

企业经营目标的制订，其关键不在于最终目标的指标是多少，而在于目标对于员工来说是否合理、是否起到了激励作用。

相去甚远。

三、员工呈上，老板批复

还有一些企业，整个目标制订的过程都是由下而上进行的，即先让员工自己呈报预期目标，然后由管理层或老板层层批复。

这样的目标制订方式，尽管员工前期通过对客户的不断梳理勉强能提交一份自以为能博得老板好感的目标，但通常管理层和老板看完目标后都会觉得其设定的目标与自己期望看到的数据有一定的差距，于是各种上调目标的举措开始出现。最后，原本打着“民主原则”来制订目标却因为双方对目标理解和价值认知的差距，变成了一场“分胜负、论输赢”的谈判。

其实，目标制订中的问题原本不是“高”与“低”的问题，而是企业在制订年度目标过程中往往忽略了人性，为何每年确定目标的时候员工跟企业之间总是出现“讨价还价”？先来看一个我们都非常熟悉的现象：很多企业为了促进员工实现公司每年的目标增量这一目的，往往都会给各个相关部门设定目标完成率这一指标。什么是目标完成率？我们看下面的公式：

$$\text{目标完成率} = \text{当期实际完成额} / \text{当期设定目标} \times 100\%$$

同时，为了目标的完成，各个企业也给相应的目标责任者设定了绩效奖金考核，关键在于很多企业的传统考核激励模式把该员工的绩效奖金跟目标完成率这一指标进行直接挂钩，美其名曰如果目标完成率高，绩效奖金可以拿到 1.2 倍、1.3 倍、1.4 倍甚至更高的绩效奖金倍数。但是，这一设计却没有考虑“人性”。什么是人性？只要是一个正常的员工，都一定会为了能够拿回或者拿到更高的绩效奖金想尽一切办法把“分母”变小。所以，老板和管理层们现在明白了为何每年制订目标的时候员工总是跟你讨价还价了吗？

因此，目标制订的关键是企业是否让员工看到在目标制订的背后员工利益与目标之间的关联性。用更直接的话来说就是：目标对员工意味着什么？

如图 1–4 所示，在企业经营目标设定的背后，企业与员工之间对于目标的理解是不一样的。对于企业来说，经营目标就是企业的“赚钱线”，目标越高，企业赚到的部分才有可能越多；而对于员工来说，经营目标就是员工的“分钱线”，目标越高，员工要达到分钱的门槛也就越高，相应的难度也更大。

图 1–4　员工激励的界线

从表面上看，两者之间似乎是相互矛盾的，但实际上它们是统一的。企业老板和管理层要让员工看到的是，在不同的目标制订背后，对员工而言，相应的目标界限就是他们的“分钱线”，意味着员工想要获得怎样的收入就要付出怎样的努力，即付出的努力层次 = 达成的结果层次 = 收获层次，这就是目标背后的员工激励。

与之相反，如果企业老板和管理层只关注目标作为“赚钱线”的这一面，忽略了目标制订本身对员工的激励作用，忽略了目标增长给员工带来了哪些利益和价值，那么不仅会让年终的目标实现成为幻想，更会让目标制订的现场沦为“表面热闹非凡、实际讨价还价”的“菜市场”，这也正是中国民营企业经营的“第二殇”。

企业经营不是数字游戏

思考

经过“讨价还价”好不容易达成共识的目标，却为何总是完不成？

我在做企业咨询的实践中，发现很多民营企业老板在制订目标时过度迷恋数据游戏，好像只要目标数字落到了纸上，企业经营就完成了！

事实上，这是一个极大的误区。为什么这样说呢？来看看我的咨询实例。

● 案例

2013 年，我在陕西西安辅导一家做建筑防水材料的企业，这家企业当时的经营状况总体不错，他们的产品可以提供给所有楼盘建筑企业，主打产品是化学防水材料，有一定的技术含量，当年的营业额达到 6.5 亿元。

企业负责人计划将 2014 年的目标定在 8.6 亿元，在将这个目标分解到各个营销中心的时候，他按照常规的目标分解办法将 8.6 亿分解到四个营销中心：第一个 2 亿元，第二个 2 亿元，第三个 2.2 亿元，第四个 2.4 亿元。

项目辅导结束后，我们准备离开，登机前突然接到企业老板的电话："我们2014年的目标是8.6亿元，四个营销中心现在目标加起来刚好等于8.6亿元，但是谭老师，我有一个问题。"

我："什么问题呢？"

企业老板："假如某一个营销中心完不成目标，是不是意味着我们8.6亿元的目标就完不成了？"

我："是的。"

企业老板："那么，谭老师，为了确保目标的完成，你建议我在每个营销中心的目标里面上调多少比例合适呢？"

我："那你们觉得应该上调多少比例才能够确保目标的完成？"

企业老板："10%，但也有人说是20%，还有人说是30%。"

其实，类似案例中的现象在不少企业中经常存在。企业老板和管理层应该明确的是，企业的经营目标管理绝对不是处理简单的数据逻辑关系。假如经营企业的过程中在设立企业经营目标上都按这么简单的逻辑计算，那恐怕大部分的企业都是百亿级以上的企业了。

所以，对于这位陕西企业的老板临别时的问题，我当时就直接回答了他："这绝对不是简单调比例的关系，每个营销中心必须要搞清楚问题，要真正明白如何把目标达成。如果你和各个营销中心连这个问题都没想清楚，不要说完成8.6亿元了，6.8亿元都可能完成不了。"

【小巴提示】

目标背后是什么？目标背后是策略。不是数字游戏，是围绕达成目标数字如何行动的方式、方法、工具。

企业老板和管理层们一定要清楚，企业经营目标的背后是什么？如果这个问题没有想明白，就很难把目标从想法真正落地为现实。

其实，实现目标的过程就是不断运用工作方法和工具的过程，而对于工作方法和工具的运用，其背后需要的是策略以及对策略的正确运用和实施。

尽管道理很简单，浅显易懂，但真正要做起来却并不容易，相对于寻找达成目标的策略这一有难度的做法，更多人停留在目标制订这一数字游戏中。

如图 1–5 所示，在从“企业经营目标”到“经营目标达成”这一目标实现的过程中，企业真正需要的是达成目标的策略。而对于企业老板和管理层来说，如果在制订经营目标时，企业老板和每个部门负责人还没有想清楚围绕目标如何干，那一切都是空中楼阁。

图 1–5　目标与目标达成的要素示意图

至于策略，可以是与目标相匹配的员工激励机制，也可以是帮助员工实现目标的一整套流程或培训学习体系。但不管其形式如何变化，对于企业来说，它就是帮助企业将经营目标从理想规划转变为现实的桥梁；对于员工来说，它既是员工实现收入和利益的桥梁，也是企业老板和管理层对其帮助和支持的重要途径。

可见，企业老板和管理层只有明确了目标背后的达成策略，其战略的实现和管理工作的开展才能有条不紊；而员工也只有明确了目标背后的达成策略，才能对目标的实现做到胸有成竹、有备无患。

在企业经营目标的制订过程中，如果企业老板和管理层围绕经营目标的达成，能自上而下地引导不同层级员工主动寻找实现目标的方式和方法，及时为员工达成目标提供工具、帮助和支持，那将远比自娱自乐地玩一场简单的数字逻辑游戏更有价值。

否则，无论企业经营目标制订得多么完美、目标的各项指标的数据多么壮观、员工在制订目标的过程中多么振臂高呼、签订目标军令状时的场面多么震撼、背景板多么漂亮……到将经营目标落实到实际工作中时我们才会发现，在“目标达成”这一结果面前，一切都如此苍白无力。

而这，也正是困扰不少中国民营企业经营的“第三殇”。

考核结果很好，为何公司目标却完不成？

思考

企业进行 KPI 的绩效考核，为何每次员工的考核结果很好，部门考核结果也很好，但公司的业绩却很糟糕？

通过这么多年接触的经验，不得不说在中国民营企业经营者中日理万机者不在少数。他们每天除了生意应酬，还在外参加各类管理大师的课程，究其目的，不外乎是为了让自己的企业挣到钱。

从其忙碌的结果来看，几年下来确实也功夫不负有心人，不少企业经营者对目标管理（MBO）、关键绩效考核（KPI）、平衡计分卡（BSC）、目标与关键结果（OKR）等绩效管理工具可谓是耳熟能详、倒背如流。

可是，最痛苦的事情来了，有些企业老板尽管什么都学了、都做了，但结果企业还是不挣钱。在花费了大量时间、精力和金钱之后，他们学着讲台上的“大师”们用似懂非懂却口若悬河的语气，面对全公司员工大会讲目标，小会讲目标，表面上忙得不亦乐乎，内心却苦于始终不见成效。更令人气馁的是，经过一番折腾，销售额和规模都呈迅猛成长的趋势，但发现钱却越挣越少。这样的经历不免与下面这个案例中的老板有几分相似之处。

● 案例 1

2014 年，我曾经辅导过湖南某家年销售额近 20 亿元的槟榔生产企业，其产品的毛利润率约在 29%，但净利润却是负的。

我们都很清楚，这个行业的市场竞争非常激烈，且产品具有明显的区域性，核心市场是在湖南区域以及湖南人比较多的周边省份，所以也导致湖南槟榔行业的竞争局面呈现出三大特点。

第一，终端竞争激励。在湖南槟榔行业流行着这么一句俏皮话——“槟榔加烟，法力无边”，同时还有另外一句——“你可以在士多（便利）店买不到打火机，但必须要买得到槟榔。”这足以看出槟榔在当地的地位与香烟一样，甚至高于香烟。

第二，终端人力投入大。为了占据大街小巷的士多店甚至占据最好的陈列位置，各家槟榔企业投入了大量的终端人力，该企业投入了 2600 多名人力。

第三，销售策略进入“拼刺刀”模式。你做电台广告，我也做电台广告；你请明星代言，我也请明星代言；你买一包赠一包，我买三包赠两包。该企业甚至还出现了“买槟榔，赠汽车（使用权）”的宣传。

……

正是以上的竞争格局导致企业虽然有近 29% 的毛利率，但这 29% 中却有 24% 都是营销投入费用。

所以，从上述案例中我们可以看出，这家企业在不改变产品结构的情况下要想获得利润，核心在于对“营销费用”的控制。当然，不是不要投入营销费用或者减少营销费用，而是这家企业没有做到“好钢用在刀刃上”。

然而，在实际操作过程中，该企业对营销队伍的考核模式仍然聚焦在“销量”这个 KPI 指标上，最后的结果就是，虽然公司业绩有增长，但利润却依然维持原状。从考核角度来讲，“营销队伍的结果”是不错的，但是“公司想要的结果”却不尽如人意。

其实，如果仔细一想，在我们身边，这样的企业又何尝不在少数呢？

在企业创立之初，由于不得不面对“企业生存”这个严峻的问题，经营者既要追求营收规模的扩大，又要追求利润规模的扩大。但随着企业规模的扩大、人员的增多，部门也逐渐增加，企业的各项开支和成本也随之提升，加之外部市场环境和竞争的加剧，一方面，企业开始追求薄利多销，另一方面，也在和同行非良性竞争的路上越陷越深。

最终，虽然市场份额、营收规模都在不断扩大，但企业的利润率却逐年下降，甚至是负增长。

企业老板和管理层应该明确的是，再好的管理手段如果不能支撑企业更好地“赚钱”，这样的管理就是伪管理。就好比上面这个案例中的企业，虽然也运用 KPI 绩效模式达到了考核的目的，但却没有利用其促进达成公司想要的“利”。

● 案例 2

苹果公司基于组织战略来设置绩效考核指标，他们采用的是平衡计分卡的考核办法。财务、客户方面都是可量化的指标，在内部实现和学习成长方面设置的则是定性指标，即核心能力提升、创新的工作态度。

苹果公司的管理者为了使这两项定性指标尽可能地量化，采取了一系列措施保障这两项目标得以被衡量。在核心能力上，公司希望员工关注用户友好界面、软件构造及有效的销售等能力上的提升。对于员工态度的考核则经

> 【小巴提示】
>
> 让企业目标与部门（阿米巴）目标、员工目标真正做到“上下贯穿”。

常做全面调查和随机抽取员工调查，管理层关注员工对公司战略的理解程度，以及是否有信心创造与该战略一致的结果。

苹果公司成功的案例证明：除了目标设置要符合企业经营战略，如何考核目标、如何衡量目标、如何通过绩效考核将员工的目标达成与企业经营目标的达成有机结合起来，这些才是确保目标在轨道上行驶正确与否的关键。

所以，近年来，每到年底的时候我们总会看到这样的数据和报道：在整个手机行业中，三星和苹果长期占据全球市场份额的前两名，尽管在销量和市场份额上三星长期领先于苹果，但在盈利能力上苹果却一骑绝尘，碾压三星和众多其他手机品牌商。

就苹果的盈利能力而言，尽管存在诸多因素的影响和作用，比如售价高、配件成本低、品牌溢价效应明显等，但众所周知的是，对于企业来说，在企业经营目标实现的过程中往往是企业检查什么、考核什么、强调什么，员工就做什么。

因此，在这一过程中，如何将绩效考核真正与企业经营目标的实现挂起钩来，对员工起到充分的支持和推动作用，才是企业老板和管理层应该思考的。要知道，对于企业经营来说，目标制订只是万里长征的第一步，接下来，“如何走”才是到达目的地的关键，目标计划如果执行不好，最终达成的可能性几乎是零。一步错，步步错。所以，在目标制订以后用什么样的绩效考核方式保障目标实现才是要点。

目标的考核和衡量产生偏差，得到的结果就是假象。因此，就出现了为何每个月员工考核结果很好、部门考核结果很好，但唯独公司的业绩却很糟糕的现象。这一切的根源是由很多企业的传统绩效考核根本没有做到直接支撑公司目标所致，这正是中国民营企业经营的“第四殇”。

目标达成总是后知后觉

思考

为何员工总是到每个月底、每个季度底、每年度底的时候才发现实际与目标有差距呢？

在企业经营过程中，经过几轮“讨价还价”，企业经营目标终于达成共识了，但很多企业中又出现了如下现象：

· 为何各个部门负责人到月底最后的那一刹那才知道目标没有达成？

· 在一个月的经营过程中，为何没有人提出目标有差异？

· 上至总经理，下至主管，为何没有人提出异议？

……

这一切我们可以称之为“后知后觉”。

我们先来看下面这个案例。

● 案例

北京某建设集团有限公司，我们顾问在进行6月份某工程分公司经营业绩及改善会议的时候，部门负责人汇报了6月的经营业绩核算以及接下来7月的目标规划及行动策略。但是我们发现，该工程分公司整个6月的经营报表显示：部门工程产值收入为“0”，扣除该部门的“变动费用”“固定费用”后，该工程分公司的“经营利润”为“-98000元”。原本在企业经营过程中某特定时间段出现经营业绩不好，利润亏损也很正常，该部门负责人在汇报业绩时分析了为何整个工程产值为“0”，总结出几大因素：

· 新工程项目没有开源；

· 目前正在施工的工程中有2个因为天气原因导致工程进度延迟；

· 另外3个工程因甲方因素导致停工；

……

看上去，该工程分公司负责人分析的原因好像“合情合理”，但是在我们顾问看来，这其中存在着很大的问题，因为我们认为他们在部门经营过程中根本没有去关注目标。于是，我们顾问就对他提出了以下几个问题：

· 第1周出现产值为“0”的时候你做了哪些动作？

· 公司总经办（经营管理职能）看到该工程分公司产值收入为“0”时，你们做了哪些改变？

· 看到该分公司一个月4周每周产值收入都为“0”的时候，总经理做了哪些动作？

……

结果，没有一个人能够回答得了我们顾问提出的问题。从这可以看出，虽然该工程公司制订了年度目标、月度目标，但是很多负责人却对制订目标缺乏必要的“敏感度”，执行目标的过程也缺乏“紧迫感”，没有把目标当作是自己经营、管理过程中最重要的事情来抓，所以最终就导致目标没有完成，而且是到最后那一刹那才知晓。

目标制订得很好，每月、每季度也有评估，指标显示也很好，但是年终进行目标检讨的时候发现目标根本就没有实现。这种状况在民营企业里之所以频繁出现，是因为民营企业遵循的是粗放式及形式化的管控，企业目标制订得很好，也有分解到各部门和各个时间段。但是，很多企业干到了半年、年终才发现：原来我们离年初的目标有那么大的差距。

究其根本，两大原因：一是企业缺乏有效的过程管控体系，二是企业经营者根本不知道如何监督目标的实现。这是民营企业经营的“第五殇”。

奖金没少发，员工却总抱怨

思考

企业每年的奖金没少发，为何员工却还总是在抱怨？

不少民营企业经营者都会有这样的感觉，每年公司为了激励员工，上上下下、左左右右、大大小小设置这样或那样的奖励，期望员工努力实现目标，最后却发现一件非常尴尬的事情，很多企业经营者不能理解：为何每年我付出了这么多的资金成本，而最后员工却还是在抱怨？

正如赫兹伯格的双因素理论所述，保健因素和激励因素对员工产生着巨大作用。但是，在现实的情况下，民营企业想把这两者结合得很好是很难的，大多数企业只能聚焦在薪酬和奖金上。

很多企业经营者都对我发出过这样的感慨：不管支付多少薪酬和奖金，总是无法令员工满意。

● 案例 1

我曾辅导过的企业中有这样一家服装公司，公司设立了一个职位——市场拓展总监，即新店拓展总监，公司给予该总监固定年薪110万元。各区域也有拓店专责人员，该总监每个月也只是通过会议或者远程会议的方式了解各区域的拓店情况，其每天的工作状态绝大多数时候都是在公司里待着，几乎很少外出。这家企业类似的总监一共有十多个，固定年薪均在100万元以上。

我们在对该企业进行初期诊断、调研的时候，涉及了公司薪酬和激励机制的合理性、科学性。对此，老板一直非常自信，他认为自己支付给员工的薪酬水平是行业内首屈一指的。

然而，调研呈现的结果却令这位老板大跌眼镜，甚至是完全出乎意料，这家企业的员工对薪酬的满意度在所有问题中排倒数第一。

● 案例 2

2014年，我辅导过湖南的一家烟花爆竹企业，该企业之前没有太多的激励设计，企业为了更好地留住人才、激励员工的积极性，决定从公司年度利润里拿出一部分作为员工的年终激励。

可是，一个难题摆在了老板面前：这些钱如何分？这个问题让企业老板一周左右都没能安心吃好饭、睡好觉。后来，企业老板索性来一个“平均分”。

第一年，所有员工都非常满意，因为从过去没奖金到现在有奖金是一个“质”的飞跃，所以，当年终拿到奖励的时候，每个人脸上都露出无法掩饰的喜悦，甚至还出现某些员工相互握手祝福的场面，真是一片其乐融融的景象……

可是到了第二年，事情却没有了第一年的美好，这时开始出现很多不一样的声音。

“我一个总经理，担负着最大的责任，凭啥我跟员工拿的一样多。”

“这小子，平时工作不努力，别人都在车间里拼命干活，他却经常躲在角落玩手机，凭啥跟我们拿的一样多。”

“这些职能部门的人员天天坐在办公室，夏天有冷气，冬天有暖气，我们却天天在冬冷夏热的车间里累得像个孙子，他们凭啥跟我们拿的一样多。”

……

上述案例中，不管案例 1 还是案例 2，出现最后的局面都可以归结到一个重要因素上——老板的“分钱艺术”。其实，分钱艺术不完全体现在“多”与“少”上，往往很多企业员工对薪酬、激励的抱怨是来自“不均”。中国有句俗语叫“不患寡而患不均”，这里的“均”当然不是指案例 2 所讲的平均，而是指合理，也就是亚当斯的公平理论中所提到的“公平”。

对于员工来说，他们不仅关心自己的绝对报酬，更关注自己和他人在工作和报酬上的相对关系。员工倾向于把自己的产出和投入与他人的进行相应比较，然后进行主观判断。金钱是员工最容易衡量的，所以员工对薪资公平感的关注尤为强烈。企业经营者同样会把金钱作为最常用的手段来奖惩员工，所以，这种行为导致的结果就是双方的满意度都在降低。欲望永无止境，尤其是物质上的。

● 案例 3

浙江一家知名电器生产企业推行了一项所谓的“公平绩效管理制度”，并推广到全国所有的销售片区。

然而制度推行一段时间后并未有效改善员工的表现，并且还有人抱怨绩效指标设置不合理。该制度给每个销售员设定了 12 个考核指标，完成一项即

【小巴提示】

每项考核指标的确定一定是建立在个性化差异上的，设立考核制度主要是为了激励员工，而激励要想达到目的，必须清楚员工的个体差异。

给予1500元的奖励。

结果这一举措引发了不同的反应，有人认为付出得多，激励得少；也有人认为这样的奖励模式是合理的。

为什么“公平”绩效管理制度没有让员工觉得公平呢？原因很简单，因为衡量的标尺在员工的心里。“一刀切”的绩效考核方式表面看上去是公平的，但事实上却不是。

每项考核指标的确定一定是建立在个性化差异上的，设立考核制度主要是为了激励员工，而激励要想达到目的，必须清楚员工的个体差异。

通过了解员工的需要可以清楚他的行为动机。激励就是通过各种方法和手段满足员工的需要，使之产生努力工作的动机，从而达到实现组织目标的过程（如图1-6所示）。

需要是一种因为缺乏或期待得到某种结果而产生的心理状态。因为需要，员工就会为了满足需要而产生目标，从而为了达成目标付出努力，而每个人的需要却是不一样的。

企业经营者并不需要明白每个员工的个体差异，但一定要对员工进行分类激励，使用“一刀切”往往适得其反。

尤其是在不清楚员工公平感的比较对象时，激励会进入一个更大的瓶颈。让我们了解一下员工是如何进行公平比较的。

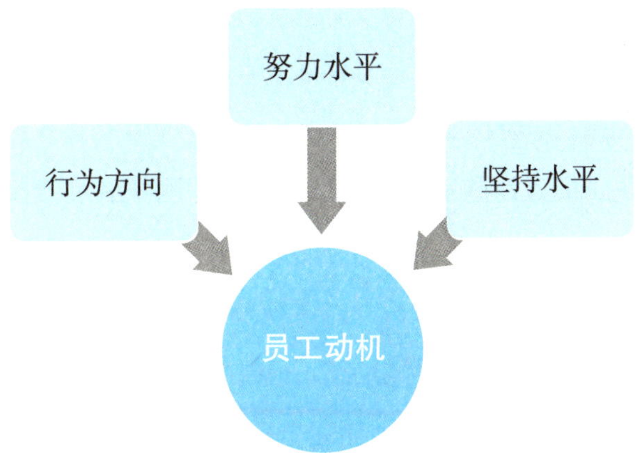

图 1–6　员工动机的三要素

一、纵向比较

何为纵向比较？就是员工拿自己过去的待遇和现在进行比较，很多员工跳槽时要求新雇主的工资要高于原雇主给的工资。如果在同一家企业里工作，员工也会将自己刚进公司时的薪资待遇和当前的薪资待遇相比较。

二、横向比较

何为横向比较？员工在同一家企业内拿自己的薪酬待遇和他人进行比较，同时也会对行业内其他企业提供的相应岗位的薪酬待遇进行比较。

这两种比较是员工经常进行的，通常来讲，受过高等教育和薪资水平越高的人，视野相对开阔，比较时会更全面。

因此，企业经营者设置薪酬策略或绩效奖金体制时需要思考：

· 公司目前的发展阶段支持什么样的薪酬策略？是领先同行还是跟随

同行?

· 在企业目前的所处阶段，绩效奖金与产出效益是否要挂钩?

· 企业员工的工作现状如何?

· 在实施薪酬绩效新政前是否先试运行，评测薪酬绩效执行后可能导致的后果?

企业经营者对上述问题进行思考后，再结合企业的经营战略来一步步地落实薪酬绩效，尽管如此，也并不能完全符合员工的心意。但是，“公平”一直是个相对概念，不是绝对概念。只要确保绝大多数员工的感受是“公平”的，这些奖金发下去就有意义。否则，不公平的分配政策反而会产生负面效应，可能比没有奖金更糟糕。

之所以会出现这样的情况，是因为一旦员工产生不公平的感觉，他们就会为了恢复内心的平衡采取以下三种方式。

一是改变投入或产出。当一个员工觉得自己的投入和产出得不到薪酬上的公平认可，他首先采取的方式可能是要求加薪，但得不到许诺或实现加薪目标时，他所能采取的方式肯定是降低自己工作的努力程度。

二是改变参照者的投入和产出。有些员工感到心理不平衡，主要是因为参照对象与自己的职位和工作内容相似但薪酬却比自己高，那么他就会要求上级领导降低对方薪资或者冷嘲热讽对方的工作努力程度。

三是辞职。有能力的员工一旦心理失衡，通常的做法就是辞职跳槽，获取更高的薪酬和更高的职位，对企业来讲可谓是一个巨大的损失。

所以，薪酬体制、绩效体制设置不合理会造成员工心理不平衡。企业经营者一定要清楚，任何一个企业中，80% 的业绩其实是由 20% 的优秀关键员工创造的，因此，设置奖金机制时一定是奖励真正的贡献者。华为拿《以奋斗者为本》作为基本法，就是明确只奖励对企业做出贡献的人。员工比管理者更清楚组织里到底谁真正做出了贡献，有句话说得好，“群众的眼睛是雪亮的”。所以，花钱花到刀刃上，效果翻倍；反之，效果就下降。

员工为什么老是抱怨？因为没有一个科学的衡量机制。作为企业经营者，需要注意三个方面：一是与企业经营战略相吻合的分钱机制是否设立；二是在设立分钱机制后有没有及时评测其是否违背初衷；三是对大多数员工的反馈是否听取并公平和真实地反映了员工的产出贡献值。

只要企业存在一天，那么使命就是实现企业和员工的创造价值，价值就是企业和员工创造的利润。利润产生，企业经营者就该琢磨如何分钱才能确保员工满意，因为只有令员工满意，员工才会更努力地挣钱。企业才能更好地发展！因此，如果企业的分钱机制设置得不能发挥功效，令员工产生抱怨，这将是中国民营企业经营的“第六殇”。

总的来说，对于中国民营企业来说，企业经营与绩效管理发展的道路虽然短暂，但也取得了一定的成果。如何突破民营企业经营的“六大殇”是众多民营企业实现企业利润增长的必经之路，也是众多民营企业经营者关注的焦点，而这也正是我们多年来一直专注和期盼的方向。

Amoeba Auto-Operation

| 第二章 | CHAPTER 2

阿米巴经营模式的本质内涵

企业“开门三件事”

思考

在企业经营的过程中，到底是什么决定了一个企业能够“长治久安”？

企业经营者想让企业始终立于不败之地，必须学会抓大放小，了解到对于企业经营来说何谓重要，何谓不重要！尤其是当前，不少企业在经营上都面临着三大不确定因素：一是政策不确定；二是行业竞争环境不确定；三是新生代员工的不确定。

尽管，不同的企业所面临的具体的、不确定的因素是不相同的。但相同的是，在企业经营中，老板和经营者都想让自己的企业成为高盈利的企业，都想实现基业长青。其实，任何企业想要经营好，都需要面对三个问题：一是企业经营者是不是围绕“利润”做管理；二是企业在经营管理过程中“如何激发员工热情”；三是员工的能力提升与发展能不能跟上企业发展的速度。在这三个问题的背后正是企业经营的三大根本（如图 2-1 所示）。

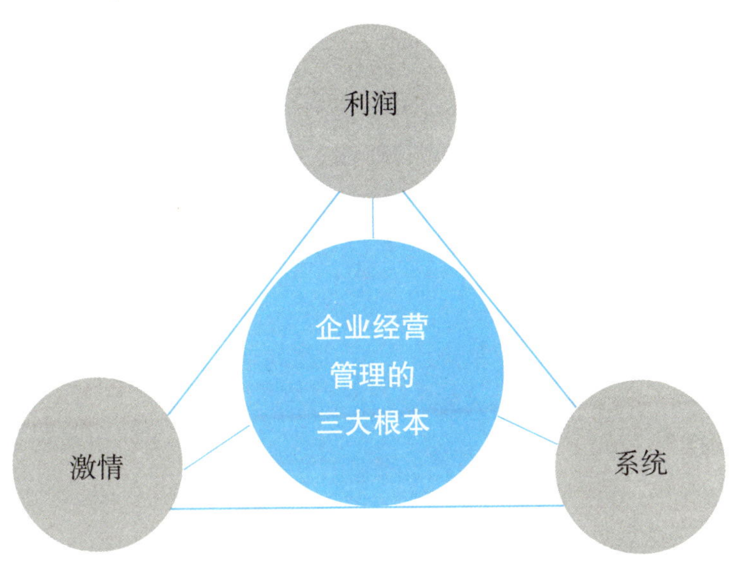

图 2-1 企业经营管理的三大根本

对所有想要经营好企业的管理者来说，实现企业经营管理的三大根本需要从战略、经营、管理三个方面着手，这也是经营者最核心的、最需要抓住的三件事情，俗称企业的“开门三件事”（如图 2–2 所示）。

一、战略的本质

提到企业的经营，纵观企业的经营史，那些传承数百年的企业在历史发展的长河中一直都如此熠熠生辉。它们也成为众多企业家、专家学者和机构等的研究对象，研究的焦点则是寻找它们基业长青的根本原因和秘诀所在。

企业之所以有存在的意义，就在于企业在为社会和客户不断创造价值的同时，也实现了自身的经营目标和发展目标，更推动着整个社会和人类历史不断向前发展和进步。这一切的根本都源于其最初的战略。因此，企业经营

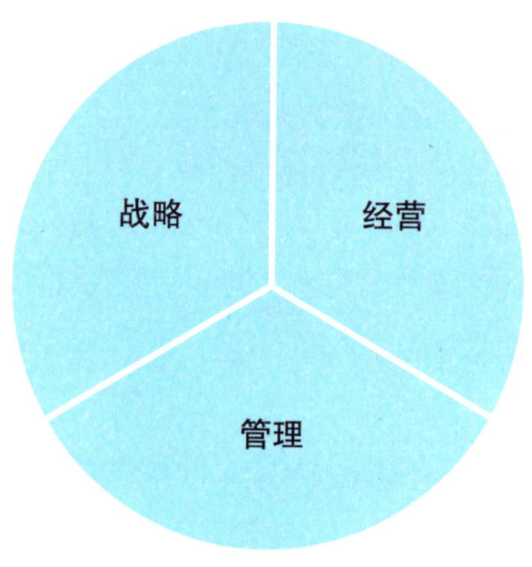

图 2-2　企业经营者需要思考的三大问题

者要确保企业的经营能够永续发展下去，首先要清楚战略的本质。

提起战略，企业家们总有太多说不完的故事，战略也成为众多经营者在企业经营探索路上永恒的话题。那么，对于企业经营者来说，战略的本质到底是什么呢？

企业一旦成立，最重要的事就是先要“活”下来，且要活得够长，因为只有活下来才有可能做大做强，才可能有未来。

简单地说，企业战略的本质就是“不死”。为什么这样说呢？那些百年企业之所以能够实现永续经营，正是因为在每一次关键时刻，其经营者在其战略决策上都做出了正确的选择。企业之所以制订战略，就是为了实现企业的生存和发展，把企业做大、做强。然而，不少经营者又片面地将战略的本质理解成为将企业做大做强。不可否认，把企业做大做强是企业战略的追求之一，但是如果仔细观察，不论我们处在哪一个行业，每一个行业都有着龙头企业；当我们将视线放大、放眼于全球范围，同样也有一些企业已经站在了企业界的最顶层。那么，对于这些企业来说，它们还要不要制订战略？

不言而喻，答案是肯定的。尽管这些企业已经做大做强甚至在短期之内无法被超越，但它们依然要制订战略，因为如果今天企业不对未来进行战略规划，明天就有可能被竞争对手超越。

所以，战略的本质其实就是让企业“不死”。对于企业经营者和管理层来说，始终需要谨记的是，企业战略的制订并不是为了制订战略而制订战略，让企业做大做强、活得更长久、让企业的百年基业延绵不息才是其核心和关键。这是企业在经营过程中“开门”要做的第一件事情，也是企业战略的本质，更是每一个企业经营者都要思考的问题。

二、经营的本质

正如稻盛和夫在其“经营十二条”中所说：“追求销售最大化和经费最小化。”企业经营的本质，说到底，就是“赚钱”。

然而，值得重视的是，对于企业经营者来说，有一个原则是始终都要坚守的，这也是我在以往的企业辅导中经常提到的，借用中国的一句古话，就是“君子爱财，取之有道”。

企业获取经营利润是无可厚非的，因为企业在经营的过程中借助产品或服务的提供为消费者创造了价值，满足或者超越了消费者的期望，也在这一过程中自然而然地实现了企业的销售收入，获得了利润。但是一个不争的事实是，总有那么一些企业因为对利润的过分追逐，为了赚钱而不择手段。不仅损害了他人和社会

【小巴提示】

企业的战略蓝图如何实现？依靠利润。只有利润才可以持续地支撑企业经营者实现梦想和蓝图。

的利益，也为企业的永续经营和发展埋下了无穷后患。

● 案例 1

自 2008 年 9 月 8 日至 9 月 11 日，随着甘肃省多名婴儿肾结石病的发现，国家卫生部对其事件源头三鹿牌婴幼儿配方奶粉紧密关注，高度怀疑其受到三聚氰胺这一化工原料的污染。

随后，随着社会媒体的关注和相关部门的声明，三鹿集团才开始承认其生产的部分批次三鹿婴幼儿奶粉曾受到三聚氰胺的污染。一场沸沸扬扬的“三聚氰胺奶粉事件”逐渐扩散开来。

隐藏在三鹿集团的三聚氰胺奶粉事件背后的，其实正是企业经营者对企业经营的本质思考的真实写照，只是，同样是赚钱，同样是获取经营利润，三鹿集团选择的方式和途径并不符合“君子爱财，取之有道”这一天道和规律，最终在企业经营上误入歧途，对消费者、对社会也对企业自身产生了无法估量的损害。

同样是经营企业，被称为“石油大王”的洛克菲勒则选择了不一样的方式。在经营企业的过程中，尽管洛克菲勒也经常从银行借款，但从来都是按时归还并支付利息的，银行之所以一直贷款给他，是因为银行相信他在企业经营上是诚信的，他保守的经营也体现了从商本分和遵循天道。

不难看出，不论企业的经营如何开展，最终都要回到企业经营的原点，也就是“销售收入最大化，成本费用最小化，经营利润最大化”，简单来说，就是“赚钱”，这也是企业经营者需要思考的“开门第二件事”。

三、管理的本质

说到管理，一直是企业经营者最头痛的事情。不论是企业经营者还是管理层，每一天都在谈管理，每个月都在谈管理，每一年都在谈管理，甚至可以说，管理是企业经营中一个永远也无法绕开的问题。

然而，我们是否有问过自己，对于企业来说，管理到底是干什么的？

从表面上看，这个问题的答案是“管理是通过别人来完成工作”，如果再进一步，从字面的理解来看，管理中的“管”就是管人，“理”就是理顺，如果用更简单的一个词来概括，管理就是效率。

因为，对人的管理，目的是追求效率！管理的本质就是追求效率。效率决定了企业如何拔得头筹，如何将事情做得比竞争对手更快更完美。企业想在竞争中立于不败之地的法则，就是你的效率永远比别家企业高。

但对于企业经营者来说，明白管理就是效率还不够。我们需要对管理的本质再进一步思考，管理活动的开展是为什么服务的？让我们先来看这样一项调查。

● 案例 2

在以往的企业项目辅导中，我们曾针对 5000 家民营企业做过一项调查，主要是调查其管理流程和制度，调查的核心是企业流程制度的有效性。

最终的调查结果显示，在所有调查企业中，真正有效的制度和流程占比仅为 15%。这就意味着，对于这些被调查的企业来说，绝大多数流程制度最终都流于形式。

在这次调查中，我们最深刻的体会并不是最后得到的数据多么令人不可思议，而是另一个值得发人深省的问题：这些流程制度为何最终流于形式，与其设立的初衷大相径庭？

因为，这样的管理制度并没有为企业的经营服务。试想一下，如果一个企业的管理制度不能很好地促进企业经营并实现利润增长，那么其管理的有效性也就无从说起。而企业管理对于效率的追求，从深层次来说，是用最少的资源赚取最大的利润，这就是管理的本质，也是每一个企业经营者都应该思考的企业“开门”的第三件事。

总的来说，战略、经营、管理是企业的“开门三件事”，那么这三者之间关系如何呢？战略永远是第一位的，企业的可持续发展是最关键的。经营服从于战略，管理服从于经营。环环相扣，缺一不可，但必须主次分明。

企业经营者只有确定了战略的方向，才能清楚如何去经营；只有确定了如何经营，管理才能围绕经营的目标层层展开，才能将细节落到实处。

在企业经营的过程中，企业经营者最重要的事就是审视战略、经营和管理这三大问题的本质，把本质参透，才能带领自己的企业扎实前行！

何谓阿米巴经营模式?

思考

何谓阿米巴经营模式?阿米巴经营模式是如何在企业经营过程中发挥效用的?

何谓阿米巴经营模式?稻盛和夫是这样定义的——阿米巴经营就是把公司划分成若干个小集体,每个小集体都按一个小公司的方式进行经营,独立核算,自负盈亏,并对最小的经营组织进行业绩评估,通过赋权经营,在公司内不断培养与老板理念一致的经营人才,实现全体员工共同参与、创造高收益、成就员工、彻底解放老板的经营管理模式。

在企业中,产品生产的每一个环节和工序流程都可以成为一个阿米巴,同一部门也可以按照不同的地区或者产品来进行阿米巴的划分。创立并实行阿米巴经营模式的缘由,要从稻盛和夫与他创立的日本京瓷公司说起。

● 案例 1

成立于 1959 年的日本京瓷公司至今已经营了 60 年,目前员工规模达到

75000 人之多，主营通信与精密仪器元器件。

自成立至今，公司的销售业务横跨世界各大洲，截至 2018 年 3 月，京瓷公司网站显示其营业额达到 1577039 百万日元，折合人民币约为 960 亿元。

京瓷公司之所以取得如此成功，归功于稻盛和夫创立的阿米巴经营模式。在经营京瓷公司的过程中，随着公司规模的不断壮大，稻盛和夫发现光靠老板一个人来管理整个公司难度很大，所以他产生了将每个部门进行拆分并当作一个独立经营和核算的公司来看待的念头，认为这样做老板会很轻松。这种经营模式让他想到一种叫阿米巴的变形虫，阿米巴变形虫在遇到外部环境攻击的时候会产生分裂，所以稻盛和夫将这种经营模式命名为阿米巴经营模式。

很多中国民营企业正在寻求模式转型，企业经营者有必要去了解阿米巴经营模式。如何通过这个模式实现企业里人人都成为经营者、人人都为公司的利润负责就成了核心和关键。

● 案例 2

京瓷公司创业初始只是一个缺乏资金、信用、业绩的小街道工厂，可以依靠的仅有技术和相互信任的伙伴。为了公司的发展，大家都竭尽全力，经营者也用毕生的努力回报大家的信赖，坚信工作伙伴绝不是为了私利私欲而留在这里的，所有员工都真心地庆幸自己能够在这个公司工作。人人都希望公司不断发展，这就是京瓷的经营哲学。虽然常言人心易变，但同时也再没有什么比人心更坚不可摧的，以这样牢固的心与心的连接力为基础来经营，就是京瓷公司的基本管理理念。

阿米巴经营模式促使企业发生的最根本的转变：一是人人成为企业的主人，用“主人翁经营者”的思维去工作；二是利益驱动，在这套经营模式的影响下，每个员工都将成为企业利益创造的工作者、追求者、分享者；三是企业全员上下彻底达成了一致目标，这个目标就是给企业创收！所以，阿米巴经营模式的导入会大幅降低传统企业的管理成本，成为传统企业转型升级真正的有力工具。

【小巴提示】

“阿米巴经营模式通过赋权经营，实现了全体员工共同参与、创造高收益、成就员工和彻底解放老板。”

阿米巴经营模式之所以被企业经营者们所熟知，是因为稻盛和夫用它拯救了日航（日本航空公司的简称）。在日航濒临破产时，稻盛和夫担负起重任，让日航重获新生。而他最厉害的地方在于，接手并拯救日航扭亏为盈前后仅用了一年多的时间。

● 案例 3

2010 年 1 月 19 日，亚洲最大、全球第三大航空公司日本航空宣告破产。在此之前，已经连续四年亏损的日航负债早已高达 1220 亿元。

日航是日本的大型国有企业，在其严重亏损并申请破产保护之前，日本政府已经向其注入了 3000 亿日元的公共资金，并且免除了一些日航债权人的贷款，据说这些贷款的规模高达 7300 亿日元，折算后相当于 100 多亿美元。但即便如此，日航最终不得不正式递交了破产申请。

作为一家国有企业，日本政府为了保住日航，决定聘请 78 岁高龄的“经营之神”稻盛和夫出山以拯救日航。稻盛和夫不负众望，自 2010 年 2 月开始正式担任日航的社长，一年后重建的日航就在稻盛和夫的带领下扭亏为盈，并实现年盈利 1500 多亿日元。

除了盈利以外，日航在航空行业还成就了三个第一：利润第一、准点到达率第一、服务水平第一。

说到京瓷公司和日航，企业经营者对它们的关注焦点是这两家公司因为使用了阿米巴经营模式而成为世界 500 强企业。然而，企业经营者应该明确的是，我们需要关注的并不是稻盛和夫利用阿米巴经营模式创造了两家世界 500 强企业，而是稻盛和夫在拯救日航的过程中到底是如何结合阿米巴经营模式，将日航从濒临破产的境地一步步带向重生的。

稻盛和夫怎样在短时间内拯救了日航?

思考

稻盛和夫如何通过阿米巴经营模式拯救了日航?

日航之所以能扭亏为盈，与稻盛和夫及他所创造的阿米巴经营模式是密不可分的，正是这二者的结合使得日航在短时期内发生了翻天覆地的变化。

稻盛和夫在 14 个月里究竟做了什么，使日航不但扭亏为盈，还在世界航空行业成就了三个“第一”？成功拯救日航的灵丹妙药是什么呢?

早在日本政府准备请人解救日航之前，就对目标人选设定了极其严苛的条件：第一，其必须是非运输行业经营者；第二，其知名度高且有创业经验；第三，必须有大企业经营管理的实践经验。

此时，稻盛和夫已经是被人们认可的日本“四大经营之圣”，他成功地经营了两家企业：京瓷和 KDDI。稻盛和夫出任日航董事长一职后组建了一个三人小组，一个是稻盛和夫本人，一个是森田直行，他的职务是财务总监，大田嘉仁则任社长助理，这三人成为拯救日航的关键人物。

一、日航诊断的六个层面

随后，一场为期两个多月的围绕日航经营的诊断便开展起来了。对日航的核心经营管理问题的诊断主要从以下六个方面进行（如图 2–3 所示）。

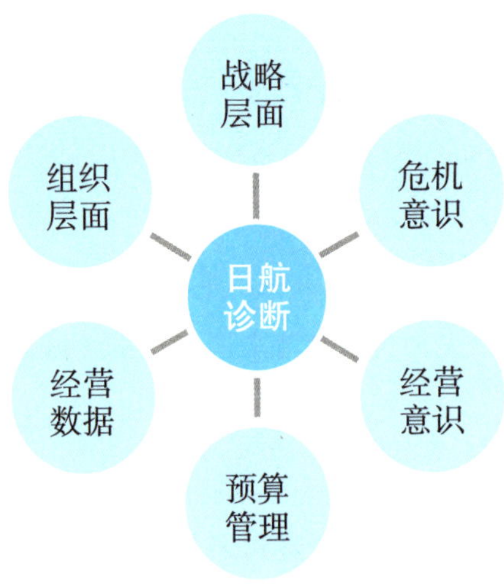

图 2–3　日航诊断的六个层面

1. 战略层面

日航采用多元化经营，经营资源特别分散，业务线多，地区分布广，有 203 家全资子公司，关联公司 83 家，无疑是个庞然大物。但在运营过程中，业务航线规划虽多，却完全没有做过“每条航线是否盈利？那么多航线中哪些是盈利的，哪些是亏损的？”的盈利能力分析。除了在国内外拥有众多的航线（其中，日本国内有 153 条航线，国际有 67 条）之外，日航还有自营机场。尽管资源众多，但对于企业的未来发展，日航不仅没有很明确的战略方向，反而受业务繁杂所累，不能很好地进行聚焦。

2. 组织层面

各级组织的办事流程审批环节多，导致解决问题速度和办事效率低下。管理审批流程的官僚化和操作流程的时间过长必然导致决策缓慢。同时还存在组织等级森严、机构臃肿、人员过剩、人均效能低下的问题。

在日航宣布破产的时候，在职员工多达 47000 人。日航的航班不管燃油税还是着陆费都比行业平均高出 10%。由于有国家托底，所以在整个组织中，从管理者到基层的在职人员都只关心自己的工作，对企业的危机视而不见。组织层面也十分僵化，几乎没有鲜活的气息。

3. 经营数据核算

由于采取预算管理制度，日航所有的经营数据统计往往不够精确、不够及时，于是与经营状态相关的必要数字信息就会反馈迟缓，每个月的经营利润报表几乎比当月要晚两个月才能出来。更加离谱的是，在近 100 家相关联的公司中，竟然没有经营干部对公司的利润负责。

4. 预算管理层面

在日航的预算管理制度中，收入的预算主要由售票部门与货运部门决定。但是，这两个部门相当于传统企业的销售部门，这就导致在整个公司中只有公司的销售部门对业绩进行负责，其他部门对公司业绩都不会那么重视，因为涉及不到他们的利益。

而预算管理导致企业无法及时对内部环境与外部环境的变化做出响应，因此经常出现不管环境如何变化，企业依旧按部就班地按照年初的预算在进行。最后，挣钱的预算没完成，花钱的预算总是完成了。

【小巴提示】

阿米巴经营模式的第一步是对企业的核心经营管理问题从六个层面做诊断：战略、组织、经营意识、经营数据、预算管理、危机意识。

5. 经营意识层面

经济组织的核心使命是赚钱，但日航在破产之前的经营管理中，安全是第一位，优于利润。尽管安全至关重要，但他们却忘记了一个事实：日航也是一家公司，公司的核心使命是盈利，日航围绕安全方面的花费十分巨大，许多自制航线甚至在没有利润的情况下仍坚持飞行，从未因为哪条线路不盈利而砍掉，这进一步加剧亏损。

6. 危机意识层面

在日航，由于全员上下都把日航的经营责任与政府进行了挂钩，所有员工都一致认为日航永远不可能破产倒闭。加之日本的企业雇佣制度采取的是相当于终身雇佣制，员工的工作能够终身拥有。因此，谁也没有想过公司有朝一日会破产倒闭，而且，员工们认为即便倒闭和破产，政府也一定不会袖手旁观的。所以，全员上下对于公司的经营状态都漠不关心。

二、拯救日航的四大措施

稻盛和夫带领的三人小组通过对日航经营的六个层面进行综合诊断分析之后，随即针对了解的情况开始制订解决方案，最终确定了四大核心改革步骤（如图 2-4 所示）。

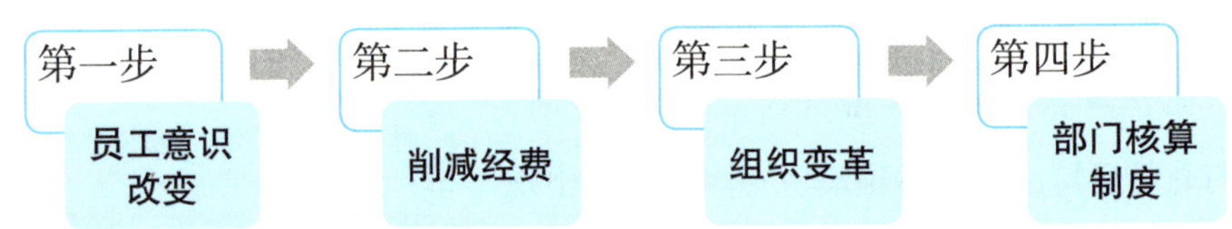

图 2-4　稻盛和夫拯救日航的四大措施

1. 员工意识改变

正式到日航上任之后，稻盛和夫首先对日航的高层和中高层人员进行思想和哲学的宣讲。通过安排讲座持续不断地进行宣传、宣讲，以引导日航全员上下在思想意识上首先达成一致（如图 2–5 所示）。

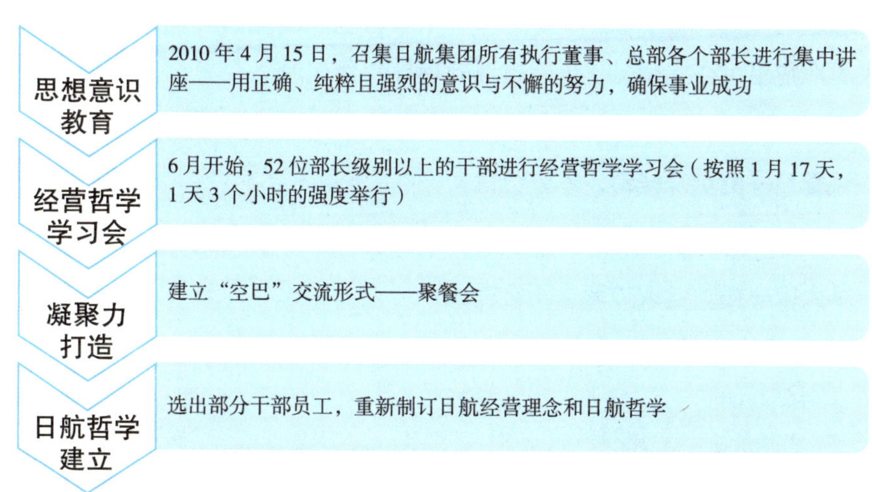

图 2–5　稻盛和夫拯救日航员工意识转变的关键点

这一步其实是最难的，因为在企业所有的经营要素当中，“人”是最难改变的要素。其实稻盛和夫刚开始在日航导入经营哲学思想的时候也遇到了很大的“挑战”，很多员工都认为稻盛和夫所讲的经营思想、理念都是很简单的，更有甚者当面与稻盛和夫对峙，但是稻盛和夫一直秉承着“利他”“敬天爱人”等理念，慢慢感化员工。

那么，如何在日航内打造员工“凝聚力”？稻盛和夫采取的方式是打破传统的会议形式，通过导入一些新的做法加强员工思想意识上的改变，就是建立“空巴”这一交流形式，采用被稻盛和夫称为“空巴”的会议工具。

用一个形象的比喻，“空巴”就是通常意义上我们所说的恳谈会。通常，在恳谈会上，企业会根据上个月财务报表反映的经营业绩情况，把每个班的负责人或者核心团队叫在一起聚餐，每次聚餐前要先解决3~5个核心主题，但在解决的过程中有一个要求，一桌饭菜上来以后每个人都不允许动筷。我们大胆地猜想，在此情况下可能出现的场景会有：

· 看着一桌美味佳肴，不吃会馋?
· 大家一馋，会不会不说废话，直接切入主题?
· 大家一馋，会议效率会不会提高?
……

在这种情况下，解决问题的空巴会就变得有效率了，接下来稻盛和夫还允许员工在空巴时喝酒。中国有句俗话“酒壮怂人胆”，开会时，一个下属对领导或者对其他部门有意见，正常情况下敢不敢提？显然不敢。一喝酒以后，英雄莫过于我。于是，“某某领导你这有问题啊，我要说上次我对你不满意啊！”不经意间把一些员工压在心里面的话就说出来了，但稻盛和夫还要求不能喝醉，因为喝醉时说的话叫胡话，所以不能喝醉。

最后且是最重要的一项，每次空巴时要排排位置，位置怎么排呢？排位的顺序是按照上个月的经营业绩排，坐在稻盛和夫左边的是上个月经营业绩最好的一组，紧随其后的是第二名、第三名、第四名、第五名、第六名。最后那一组对面空空荡荡的，这个位置意味着这里坐的就是上个月经营业绩最差的、天天跟老板对着干的人。所以，每次开会坐在那个位置的人都会感觉到是一种耻辱，这样坐这个位置的人就会有一种压迫感。通过这种技巧,把每个人的团队凝聚力打造了起来，这一项也成了日航自己的管理哲学。这样就完成了员工意识改变。

【小巴提示】

空巴的目的：壮员工胆，让员工说真话，从而发现企业真正的问题。

2. 削减经费

稻盛和夫到日航以后专门设立了一个采购本部。将原属于各分子公司、各个事业部、各个部门自行申请采购的权力削减，因为采购过程中的很多浪费没人关注，稻盛和夫规定所有超过 30 万日元的采购审批权必须由采购本部来批。在这样的情况下，30 万日元及以上的采购便相对减少，当时这个采购本部在日航被戏称为“不准采购部”。另一项削减经费的措施就是精兵简政，减少了将近 30% 员工，从原来的 47000 人里削减了 16000 多人。这个动作对日本企业来说是很难执行的，不论是企业想裁员还是员工想离开这个企业，应该说这两方都是要付出代价的，因为日本企业属于终身聘用制。

精简航线是稻盛和夫做的第三项削减费用的措施，原来有 153 条国内航线缩减到 110 条，67 条国际航线缩减到 47 条，同时大幅度缩小机场规模，优化并减少几种基础机型，共让 103 架飞机退役。为什么要减少基础机型数量?因为有很多航线取消，飞机也要退役，从而引进更多效率和性能高的小机型。给上座率不高的航线换成小机型，小机型的成本费用降低了，该航线就会产生利润。

一年后，日航节省了 800 亿日元。

3. 组织变革

要想使整个日航从旧有的体制和传统的思想桎梏里解脱出来，稻盛和夫还对日航的组织做了变革（如图 2–6 所示）。

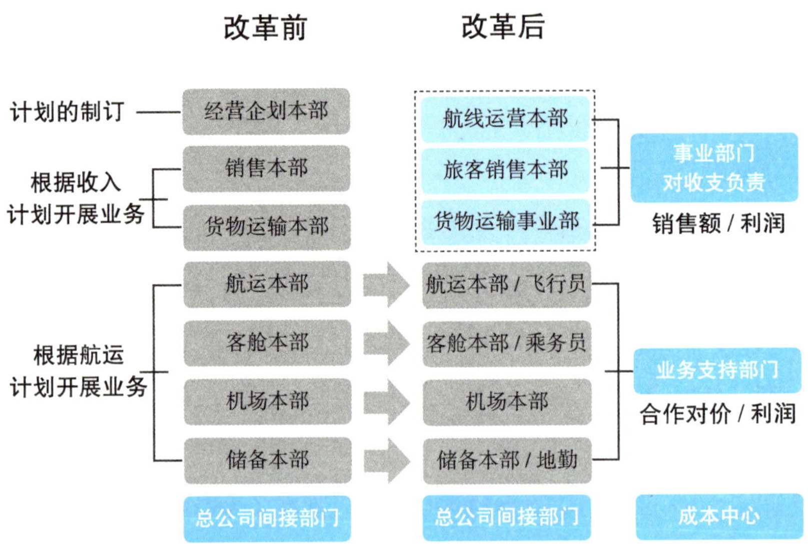

图 2–6　变革前后日航的组织划分

从变革前日航的组织结构图里可以看出，当时的日航和我们的传统企业一样，没有谁对公司的业绩负责，真正对业绩负责的只有“销售本部”和“货物运输本部”。他们的业务分别为卖客票和货票，即客运和货运两大业务，因此只有两个部门对公司业绩负责。

稻盛和夫进行组织改革后建立了一个新的部门——“航线运营本部”。航线运营本部好比很多企业的“商品规划中心”，一条航线是否盈利是由客流量、每个航班的入座率、运行班次等决定的，那么航线运营本部就根据每条航线的客流量来规划航线运行班次，以及为了确保入座率应该配备什么样的机型，从而确保航线盈利。如对于从北京到东京的航线客流量，应该作以下思考。

· 航线的客流量在什么水平？开几个航班班次合适？
· 根据航线的客流量，每个班次配备什么样的机型？
· 根据该航线客流量和机型配备多少飞行员和乘务员？

航线运营本部作为利润中心对公司总业绩和总利润负责，即公司销售多少统统归为这个部门的收入。因为它的规划是否正确决定了航线的产出水平，也决定了日航的净利润，所以把整个公司的营业收入结算给该部门。

原来负责卖票的销售本部和货运本部进行变革后实行佣金核算制，即两个部门所卖的票从航线运营本部的总收入中提取 10% 作为他们的销售佣金收入，也就是这两个部门的营业收入。这样，三个部门对公司的利润和业绩均承担起了责任。同理，其他部门都进行了相应的变革，对原有提供每条航线服务的飞行员、乘务员都进行独立核算，即给飞行员和乘务员都确定一个定价标准：每小时的价格。那么，任何一条航线使用飞行员和乘务员均应支付成本，航线所支付的成本作为管理飞行员和乘务员部门即航运本部和客舱本部的营业收入。

这样一来，原本跟航线收入毫不相关的这些部门无形当中也有了自己的收入，同样也受到整体航线业绩的影响，同时每个部门也有了自己的利润目标。原本只是配合航线运行的航运本部、客舱本部、机场本部、储备本部都变成了利润中心，员工从被动考核向主动经营完成了根本性的转变。

4. 部门核算制度

要使组织变革的效果得到落实，必须要有一整套相应的报表机制，即对每个部门都要进行收入、成本、费用、利润等的独立核算，建立每个部门的“经营会计核算报表”。

为实现各个部门精确及时的核算，日航引进了核算软件，从原来两个月才能知道公司的经营状况变成了每日都能核算出每条航线的收支。

各部门独立核算机制一旦产生，每个部门都开始为提高自己的营业收入进行工作改善，为了让自己的部门有钱可赚、收入提高，改革前大包小包行李箱提着上飞机的空姐改革后就连大只牙膏也换成用一小支牙膏。当然，有人会提出疑问：“一支牙膏的重量能降低多少成本呀？”但是，请大家认清一个事实：企业的利润都是从一分一厘中挣来的，一个牙膏的重量减小决定了燃油的减少。这样的做法不着重于对成本降低的贡献有多大，而是使人深思这背后的员工行为。试想一下，如果你的企业里每个员工都有这样的成本节省意识，企业想不赚钱都难！

稻盛和夫通过这几大举措成功拯救了日航，从2010年2月他开始正式上任日航的社长，导入经营会计报表，改革现有财务制度，三个月不到的时间就让日航扭亏为盈，一年后实现了1500亿日元的净利润！

不难看出，稻盛和夫成功拯救日航的关键核心是组织变革。日航之所以变革成功，主要是实现了两大转型：一是员工思维意识转型成功；二是企业的经营模式转型成功。

作为企业经营者的我们，从日航成功变革的过程中应当学会对企业可持续发展经营进行思考：一是如何使员工将企业的营收责任纳入他们的日常思想意识中；二是企业建立一套怎样的经营模式能够让员工主动参与到企业的经营中来？一旦对这两个问题有了明确的答案，就意味着我们从日航扭亏为盈的案例中汲取了阿米巴经营模式的思想精髓。

阿米巴经营让员工成为“老板”

思考

企业经营中为什么没有人关心公司是否挣钱?

阿米巴经营模式典型的代表企业除了日航，还有稻盛和夫自己创办的KDDI，它的成功来自在阿米巴经营模式下，将企业员工变成了老板，让更多人关注经营。

正如中国民营企业经营的第一殇所说，在企业经营的过程中，真正关心利润的只有企业经营者。而阿米巴经营模式却能够让员工的思维与行为都发生转变，让企业的每一位员工都像老板一样去关注企业是否挣钱。

● 案例 1

日本第二电电（原名DDI，现名KDDI）是稻盛和夫继京瓷之后创建的第二家世界500强企业。20世纪80年代中期，日本政府为了推动自由竞争，降低通信费用，想引进竞争机制使高昂的电信费用降下来。独家垄断电信市场的NTT当时的营业额高达4万亿日元，员工人数达33万人。稻盛和夫带领京瓷公司冒险迎接这样的挑战。此时，双方力量悬殊，京瓷只有区区2200亿日元的营业额，员工也只有11000人。并且京瓷完全是外行，从未涉足过电信业。

为了降低日本国民的通信费用，稻盛和夫决定进入，1985年6月，DDI获得了第一类电气通信事业许可，在竞争不利的情况下，稻盛和夫的DDI开始了艰难的发展之路。到2001年，KDDI进入《财富》500强，位列第233位。即便在遭遇金融危机的2008年，KDDI也获得了4400亿日元的巨额利润。

尽管KDDI一次又一次地面对挑战，但每一次都会化险为夷，这与其阿米巴经营模式是分不开的。其关键就在于，阿米巴经营模式改变了企业经营的数据成果。

这一模式转换的实际上是员工角色，员工从“为了做事而做事”向“为了赚钱而做事”转变，也就是激发了员工的能动性，实现了员工思维向经营者思维转变的过程。

众所周知，老板通常都有自己的事业，可以按照自己的想法做事。老板表面上职位高高在上，实际上是自负盈亏，承担着巨大的经营风险和经营责任。

老板就是自己给自己挣钱，自己承担痛苦和相应的经营责任的人物。传统员工的标准是什么？听命于老板，服从指挥，理论上是不承责、不担风险的。传统企业的员工向来认为公司是否盈利与自己无关，不管公司赚不赚钱，公司约定的薪资不能少给。自己是被雇佣的，所以不需要对公司的经营承责。

很多员工在公司破产后还在申请劳动仲裁，从法律方面讲这样做是无可非议的，但是员工把造成公司破产的责任都归咎于企业老板、管理者，其实是因为员工没有经营意识，没有承担起自己的经营责任。

所以，员工和老板之间最根本的差异就是：一个具备经营意识，一个没有经营意识。企业经营者期望的理想状态是“员工能想我所想，急我所急”。

阿米巴经营模式最大的精髓就是达到了点燃人心和点燃组织的目标。

按照稻盛和夫的说法，一个企业如果利润率水平低于 10% 都不叫高收益，真正高收益的企业，其利润水平应该在 10% 以上。

● 案例 2

日航从 2007 年到 2013 年营业销售额一直是下滑的。为什么业绩下滑?因为砍掉了很多的航线，所以业绩下滑，但利润却上升了。日航从 2010 年到 2015 年的经营成果，利润率几乎没有低于 11% 的。所以，2012 年 9 月 19 日，日航又重新上市，同时也创造了航空史上融资最多的奇迹。

稻盛和夫运用阿米巴经营模式让一个连续亏损 4 年的航空业庞然大物在短期内盈利，使得阿米巴经营模式被全球企业学习与效仿。

阿米巴模式解放了管理员工的经理人，也激发了员工的工作热情。用一句话概括这种模式，就是把一个大企业划分成若干个小集体，把每个小集体都当作一个小公司进行独立运作，也可以说是“人人皆成老板”。

任何一个企业经营者想要企业变革，就必须要有决心，否则任何变革都不可能产生效果，因为变革过程中总会发生各种阻碍，如果没有坚持的决心，变革往往会中途夭折。革命要想成功，同志必须齐心努力。

稻盛和夫指出：热爱是点燃工作激情的火把。无论什么工作，只要全力以赴去做，就能产生很大的成就感和自信心，而且会产生向

【小巴提示】

阿米巴经营模式的精髓：让员工成为有经营意识的人，承担起经营责任。

下一个目标挑战的积极性。成功的人往往都是那些沉醉于自己所做事情的人。在阿米巴经营模式的推动下，员工因为经营意识的增长，逐渐实现了向经营者转型的升级过程（如图 2-7 所示）。

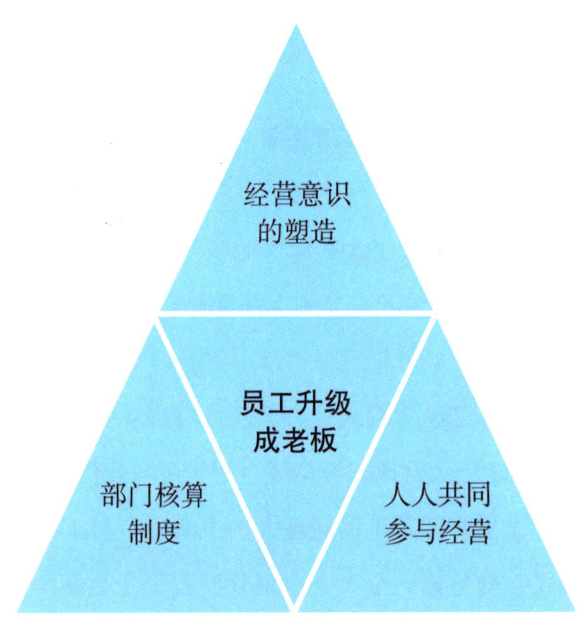

图 2-7 阿米巴模式下从员工到经营者转型升级

一、思维转变——经营意识的塑造

阿米巴的经营理念首先就是要建立全员的经营意识思维，让员工学会对以下问题进行思考：

· 我这样做，能否给企业带来好处?
· 我这样做，能不能给企业创造利润和价值?
· 我这样做，能否给企业带来更多的利润和价值?

要让员工明白员工和公司是利益共同体，就像在茫茫大海里航行的船一样，船若被毁，无一幸存。

从稻盛和夫成功拯救日航的案例中，企业经营者也需要建立一种意识：不要把员工当作成本，要让员工成为利润的创造者和获益者，那么他们带给企业的就是源源不断的利润。

企业的利润最终有三个去向：一是通过依法纳税给了社会；二是给了企业老板或公司股东，这是投资者的应得回报；三是给了企业员工，分配所得。所以从利润流向来看，企业经营者也一定要给员工和股东同样的尊重。

二、部门核算制度——与市场挂钩

阿米巴经营模式让员工成为老板的关键是要有一套与市场进行挂钩的部门核算制度。

为什么要与市场进行挂钩呢？因为要参照市场的变化拟定核算规则。阿米巴经营的核心是核算制度，正确的核算制度一定是和敏感的市场相连接的。只有对市场了如指掌，才能将企业各部门通过内部交易变成利益共同体。

因为阿米巴经营模式下企业的各部门都是盈利单位，因此全体成员都在为提高附加价值、增加盈利而做出努力。要核算出与市场挂钩的“单位时间”价值，然后根据人工成本设定更高的“单位时间”目标。

全公司统一“单位时间”核算表的格式，及时通报每个阿米巴（部门）以及公司的业绩，可以让员工能够随时了解各部门和公司目前的经营情况。

每个部门就是一个进行独立核算的阿米巴，但是每个部门的核算又和其

> 【小巴提示】
>
> 阿米巴经营模式的特点是：在所有部门之间，员工之间的关系不是基于竞争，而是基于企业的共同利益。

他部门之间相互依赖、相互关联。内部交易的核算制度让每个部门也开始关注其他部门的经营情况。只有别的部门的经营情况好了，自己部门才会跟着好。

所以，阿米巴经营模式的特点是：部门与部门之间的核算制度不是基于竞争，而是基于共同的利益和一致的目标。当员工为共同的利益和一致的目标一起使劲时，他们就开始升级为老板了。

三、实现全体员工共同参与经营

部门核算制度透明的方式实现了全体员工对企业经营方向形成共识。阿米巴经营模式将经营者与员工真正绑定为利益共同体，给员工找到了人生的意义以及成就感。员工可以通过以下几种方式参与企业的经营（如图 2–8 所示）。

员工参与企业经营，清晰地了解部门、公司目前的经营数据，将已达成的数据与目标之间进行对比，然后思考下一步如何达成目标。这种参与感让员工感受到了工作的意义。当员工把工作当成事业一样去经营，那么归属感、尊重的需求以及达成目标的自我实现就会让其真正发现他们在企业中存在的价值。企业经营者就实现了让员工像自己一样去思考企业经营和发展的愿望。

成功的企业经营者愿意让员工像自己一样热爱企业，思考企业的生存与发展，但是中国民营企业者却往往恐惧员工成为老板。原因有三：一是不想让员工太清楚公司的真实利润；二是不愿与员工分享利润；三是担心员工会自立门户。

有以上恐惧的企业经营者明显停留在传统企业的思维里，只适合经营一个小作坊。

图 2-8 阿米巴模式下员工参与企业经营的方式

外面的世界如此精彩，如果我们还活在过去的时代，那么等着我们的只有被淘汰。中国的民营企业平均寿命只有 3~4 年，是因为太多的企业经营者不是真正地经营企业，只是想寻找当老板的感觉。所幸的是，海尔、永辉超市、华为等大型民营企业给了我们太多的启发。企业经营者只有将思维先转型升级，才可能带领企业迈向更辉煌的未来。未来的企业只会有越来越多的合伙人，单纯的雇佣制也会逐渐消失。

阿米巴经营要跟激励进行结合

思考

同样采用阿米巴经营模式的企业为什么有些成功，有些却以失败告终呢？

我在这么多年做企业辅导的过程中看到过很多成功与失败的案例。在失败案例中，很多人会得出一个结论：阿米巴经营模式只适合日本的企业，而不适合中国的企业。因为在失败企业的人看来，要想实施好阿米巴经营模式必须具备较好的“文化基础”，而目前很多的中国企业都不具备。不可否认，文化基础是导入阿米巴经营模式的重要基础，但是我们要明白一件事情，文化基础不仅仅是阿米巴经营模式的基础，它是任何企业变革的基础。如果一家企业没有相对共识的文化，任何的变革都难以成功。

我们发现，所有之前导入阿米巴经营模式不成功的企业都有一个共同特点：照搬照抄“京瓷模式”。要知道，不同的企业、不同的国度就好比不同的“土壤”与“气候”，不同的“土壤”与“气候”是适合不同的植物的，硬把海南的椰子种植在北方是不会有结果的。之前导入阿米巴经营模式失败的企业正是因为照搬照抄导致“水土不服”，所以，我们中国民营企业在引入阿米巴经营模式的时候必须要结合本土企业的现状，也必须要结合中国的“国情”。

下面，我们就来聊聊绩效管理体制。

● 案例

记得在一次企业辅导中，一位企业老板提到绩效评估时就忍不住说：“谭老师，如果真正按照 KPI 严格地考核，估计企业中没有几个部门能拿到奖金，不仅拿不到奖金，甚至每个部门还要被扣钱。”

还有一次，一名企业员工告诉我：“谭老师，原来我的薪资是 10000 元 / 月，自从老板听了 ××× 课程之后，回来就要做绩效考核，从 10000 元里面拿出 30% 跟 KPI 考核挂钩。但要拿回这 3000 元钱，难度很大……”

从以上案例我们不难看出，单纯的绩效奖金设计及考评模式难以支撑公司经营目标的达成。绩效管理不是奖罚工具，企业经营者如果还停留在奖罚思维里，那么不管什么样的经营模式都不会让企业有进步。

绩效激励从本质上讲是员工激励，是使员工能够在工作中产生真正的业绩，奖惩只是其中的一种手段，不是绩效管理的本质。

企业经营者常停留在这些传统经营思维里：员工不服从，我们就考核他，不听话就扣他工资。将考核误会成是绩效管理，举着考核这把“屠刀”胡乱挥舞，最终导致的结局可想而知——员工抱团取暖，没有人真正关注企业利益，都只关注个人利益了。

所以，企业经营者一定要清楚，绩效管理体制的设立初衷是促进公司能够按照战略方向，实现业绩不断提升、企业持续生存和发展的目标，而不是将其作为“屠刀”去实现企业经营者的个人权力意志。

【小巴提示】

绩效管理的本质是员工激励，激励员工在工作中产生真正的绩效。奖惩是手段，不是目的。

企业的效益是由全员上下一起创造的，而效益的创造需要激励的机制。绩效管理不是考核工具，更不是奖罚工具。

很多企业设立绩效管理制度，实施重点放在每个月考核结果出来后让人事和财务部门核算员工的奖金和扣款，觉得这就是做绩效管理，到此就结束了。绩效管理是什么？绩效管理是提升工具、改善工具，奖惩只是辅助手段。企业经营者一定要清楚阿米巴模式下绩效管理的关键是“如何达成企业的经营目标”，不是以奖惩员工为结果。

从上述案例中我们都能得出，对于一个始终围绕企业经营目标展开的绩效管理体系，员工都是欣然接受的，并能够发挥出自己真正的价值。是员工本身就有这样的天性吗？不是，是企业的绩效管理体系影响了他们，激励了他们，使他们做出了有利于企业发展的行为，这才是绩效管理的本质。

既然阿米巴的经营模式有别于传统企业的经营模式，那阿米巴模式下的绩效又是什么样的绩效？

阿米巴经营模式固然是企业思维转型的升级，但思维只是脑海里的一个念想，待落地成效并能够真正为企业所用还需要一套可执行的体系。这就是阿米巴的绩效管理。

绩效管理如何与阿米巴进行有效结合？阿米巴模式最经典的改革是小单元独立核算，对核算数据不停地做循环改善，这是阿米巴经营模式保证企业能够始终盈利的关键点。

阿米巴经营模式不是通过独立核算报表就能使企业达成盈利的，还需要时刻分析报表的数据变化，从中找到企业经营的问题：

- 计划数据与目标数据的差额是多少?
- 产生的数据差额是什么原因造成的?
- 下一步怎样做才能保证目标数据的达成?

……

通过对企业小单元的独立核算报表数据进行不断分析与思考，层层深入地剖析，得出达成计划目标的实践方案，并辅助于合理的测评机制，就能够让员工知道应该做什么、不该做什么，接下来该往哪个方向去努力和改善。

因此，当每个独立核算的小单元的数据报表出来后，企业经营者、独立核算小单元的管理者会带领员工们一起分析报表数据，一起发现问题：哪个部门没做好，哪个环节没做好，是什么原因造成的。经营者和管理者协助辅导没做好的部门和员工制订下一步的工作行动改善计划。

绩效管理和阿米巴的有效融合是基于阿米巴经营模式的独特之处以及中国民营企业的特色决定的，我们不能完全照搬日本模式，否则会导致阿米巴经营模式导入后国内民营企业死得更快。而且，通过绩效管理体系，又证实了阿米巴经营模式在中国民营企业的可落地性、可执行性、可实现性。

阿米巴经营模式下企业的五大转变

思考

阿米巴经营模式不仅仅是一套工具、方法，更是一种经营思想。它将为你的企业带来五大改变。

与传统管理模式下的企业经营不同，由于阿米巴经营模式本身就是一个集企业经营哲学、管理思想与体系、组织结构和生态等为一体的企业经营模式和体系，因而，对于导入阿米巴经营模式的传统企业来说，通过其内在配套的工具、方法、理念等将为这些企业带来以下五大改变。

一、从模糊经营转向数字经营转变——自管理

在传统企业的管理模式里，很多企业经营者只是在月末、季末、半年度末或年末这几个时间点想知道企业的经营状况，甚至还有很多企业的财务连公司的损益状况都算得不清不楚。而阿米巴经营模式不仅能让企业经营者清楚地了解公司的损益状况，还能够使他们清楚如下情况：

· 公司赚的钱是由谁赚来的?

· 哪个部门是主要贡献者?

· 是哪个产品贡献的?

· 是哪些销售人员贡献的?

……

二、从工作职责向利润中心转变——自经营

在企业传统的管理模式里，员工只对工作职责负责，不对利润负责。很多企业制订 KPI 是以员工的岗位职责来做参考依据的，所以，员工考核效果很好，但是公司业绩有可能与预期目标相去甚远。为什么？员工只为 KPI 工作而工作。阿米巴模式将员工的考核转向利润中心，因此每个员工都会关心企业的收入和利润。

三、由被动考核向主动经营转变——自组织

通过在企业导入阿米巴经营模式，可以改变一种格局，在传统管理模式里面，无论是目标制订还是绩效考核制度，员工在所有过程中都是处于被动状态，被动地接受公司的各项考核流程、考核内容、考核评价、考核结果。这种被动使员工丧失了真正的工作激情，日久之后就变得麻木。如何将这些被动局面打破，让员工把公司的工作当成自己的事业？通过导入阿米巴模式，员工就会由被动接受向主动经营转变。

四、由各自为政向团结合作转变——自协同

任何传统管理模式下的企业中，部门与部门之间的横向工作支持和工作配合难度系数很高，协同作战更是难上加难，因为各个部门各自抱团，各部门的考核内容又不一样，因此，各部门之间推诿、扯皮之类的现象时有发生。即使不得已而合作也是迫于企业经营者的威严，其实各部门负责人及团队的内心是不情愿的，因为他们只注重自己部门集体的小利益。这些现象在传统企业里是很难消除的。而阿米巴经营模式一旦导入企业，各自为政就会向团

【小巴提示】

阿米巴经营模式促使企业发生最根本的转变：人人成为企业的主人，用“主人翁”经营者的思维去工作。

结合作转变。

五、由员工思维向经营思维转变——自激励

员工思维即一个员工在企业工作，他只知道对职责负责，对工作过程负责。所以，他对工作的态度永远只是做完即可，对是不是做好了、做好到什么程度几乎不思考，这种员工通常的工作潜台词就是：“我按照你的要求已做完。”至于自己做的这件事是否对公司有利、从企业经营的角度是否划算，员工几乎不深入进行思考。因为他把自己和公司之间的关系看成纯粹的雇佣关系，没有想过如何成为公司的主人。传统的管理模式会让员工和企业之间产生不可调和的距离。

导入阿米巴经营模式后我们就会发现，员工开始慢慢思考“我这样做，对我们公司的成本、收入、利润有什么样的贡献？”

阿米巴经营模式给企业经营带来的主要是五个方向的转变，这五个方向的转变对于企业来讲是非常关键的，阿米巴经营模式有助于中国民营企业真正做好转型。

中国经济近三十年的发展，从之前的经济高速增长到目前的在底部徘徊，正如中国经济学家徐小年所说，“未来这样的徘徊将会持续很长一段时间，正好给中国的民营企业经营者一个思考的间隙。”之前是快速发展时期，即使企业是粗放式的管理，企业也一样赢利。所以，企业经营者根本无暇去思考企业可持续发展的经营模式。而阿米巴经营模式的导入会大幅降低传统企业的管理成本，帮助传统企业未来真正实现转型升级。

总的来说，阿米巴经营模式促使企业发生的最根本的转变：一是人人成为企业的主人，用“主人翁经营者”的思维去工作；二是利益驱动，在这套经营模式的影响下，每个员工都将成为创造企业利益的工作者、追求者、分享者；三是企业全员上下彻底达成了目标一致，这个目标就是给企业创收！

Amoeba
Auto-Operation

| 第三章 | CHAPTER 3

用阿米巴经营模式为企业创造高收益

阿米巴经营模式之组织划分

思考

稻盛和夫认为一家企业的利润率如果不到 10%，就不能算高收益。一个企业的盈利能力取决于在企业里有多少人是在真正地关注经营。

对于企业经营者来说，没有人不希望自己的企业能够持续高效运转。运用阿米巴经营模式为企业带来的第一个改变就是组织划分。结合我们多年的企业辅导实践和观察，企业经营者需要谨记的是，运用阿米巴模式进行组织划分时，千万不要有意地去做分割，不要主观地将部门的部分职能、部门的部分员工划分为一个单元体。

为了帮助大家更好地理解这一观点，我们先来看下面这个案例。

● 案例 1

著名的 F1 方程式赛车对于广大车迷和观众来说，除了赛车手们高超的车技和各大车队变化多端的战略之外，印象最深刻的莫过于在赛车中途更换轮胎、零部件和加油的那一刻。对于这一刻的印象，恐怕大多数人都只能用一个字来形容：快！那么，这一过程到底有多快呢？

通常来说，整个过程下来时间平均在2~3秒，专家的测算认为通常是2.8秒。试想一下，如果我们在2.8秒内要完成加油、更换轮胎和零部件，应该怎么做？

其实，不少人听到这个问题时都会不由自主地想到一个词：白日做梦！的确，其他暂且不说，仅仅更换轮胎这个环节，将每个轮胎上的螺母拧松然后再拧紧这个过程都不止这点时间，将其与我们日常去4S店修理做对比之后就更能有深刻的体会。

但是，在F1方程式赛车中，他们的团队的确做到了，而且如此快速换好的轮胎还能确保赛车在高速行驶的状态下安全无恙。

其实，“F1方程式赛车换轮胎”正是我们在企业辅导中讲到精益生产时经常会提到的一个案例。提到为什么这么快的时候，不少企业经营者和管理者都会不约而同地回答“因为他们人多”。

的确，在F1方程式赛车中，在车队大本营待命服务的成员很多。然而，其速度快真的是因为人多吗？在这一点上，其实每个人都知道答案——不是。同样的场景放到我们的企业中，如果处理不当，即使1000个人也无法达到快速换轮胎的标准。

如果我们进一步仔细思考和研究就会发现，根本原因在于服务团队的成员之间通过分工协作与紧密配合，形成无缝对接。

正如我们所看到的那样：每一次赛车进入赛道时，工作人员早已将需要更换的轮胎准备好，并且已经站到指定位置。当赛车停稳之后，每一道工序和流程之间的切换都十分自如、流畅。在这一过程中，每个人都各司其职。

甚至在所有动作结束后，为了让赛车能够快速驶出，工作人员后退的步伐和动作都十分标准。

而与 F1 方程式赛车团队不同的是，大多数企业经营者面临的现实是：原本交代下去的工作、分配好的目标和任务常常因为团队内部分工不明、责权利不清而导致相互推诿，真正能承担责任的管理者和员工寥寥无几。

毫无疑问，团队成员无缝衔接的分工协作是整个团队赢得胜利的基本条件。有效的团队如此，有效的组织更是如此。在企业中运用阿米巴模式进行组织划分，正是我们实现有效组织的前提。要做好阿米巴经营模式下的组织划分，企业经营者需要关注三个方面（如图 3-1 所示）。

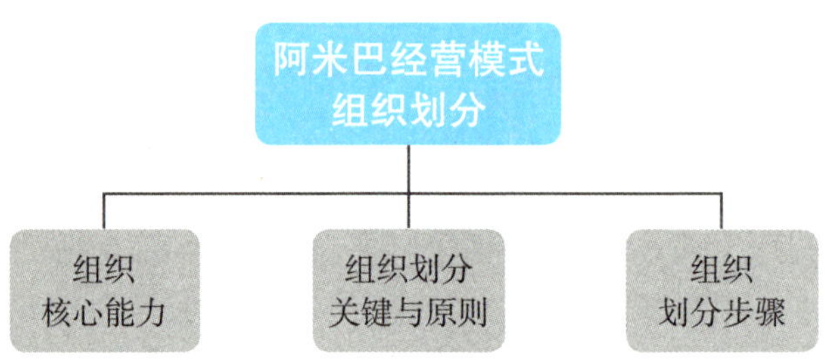

图 3-1　阿米巴经营模式企业组织划分

一、组织核心能力

企业经营者在建立企业时往往会招揽自己周围一些熟悉的人来为企业做事。但是，如何让这些人分工协作？这些人具备什么样的做事能力？这些人都能做什么样的事情？这时的企业经营者对这些问题并没有做太多深入的思索。

● 案例 2

在 2018 年上映的电影《红海行动》中，参与作战的一个小班就是一个作战体，这个小班是由特种兵组织形成的完整作战部队，分别有五个兵种组成：狙击手、机枪手、通信兵、爆破手、侦察兵。他们在协同作战的过程中面对瞬息万变的不同局面，用相互之间的完美配合赢得了战斗的胜利。

其实，打造一支作战部队和建立一个企业的道理是相通的。在市场竞争激烈的环境下，不管你的企业处于互联网行业还是传统行业，企业建立时必须具备三个核心的组织能力，即组织核心能力的三要素（如图 3–2 所示）。

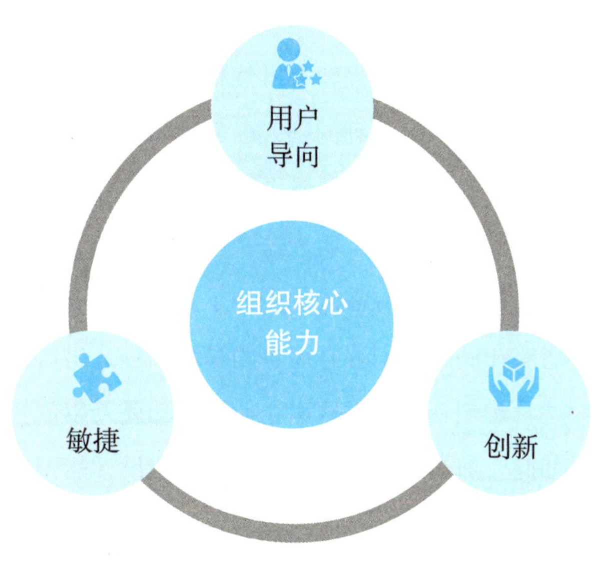

图 3–2　组织核心能力的三要素

1. 用户导向能力

当下互联网行业用户需求变化的快速已经达到了层出不穷的地步。以前的计划经济时代叫“物是人非”。为什么说物是人非？随着年龄和时间的变化，人已经发生了变化，市场的需求也发生了变化，计划经济时代的商品供给还没有变、很单一，但人已经变化了。而互联网时代则是“人是物非”的时代，为什么这么说呢？短短一两年时间人还是那个人，企业还是那家企业，但市场需求已经发生了巨大变化，是否能够抓住用户的需求就成为这个时代下的企业所关注的重点。

2. 敏捷

现在的时代，发现用户只是发现了机遇，只能说明组织发现用户的系统，但是发现后如何在第一时间对用户的需求做出反应、如何反应，决定了组织是否能够先于其他竞争对手生产出相应的产品来满足用户的需求，赢得先机。

3. 创新

在当下这个时代，很多企业经营者虽然把创新挂在嘴边，但是在现实环境下都会发现这样的问题：你想到的别人已经想到了，你想生产的产品市场上已经存在了。如今我们面对的市场是个全球化的商业体，昨天欧洲刚研发出产品今天可能全世界就知道了，明天这个新产品可能就出现在世界各地的网络上、实体的商店里售卖给有需求的用户了。所以，研发的产品能否超出用户的需求，并能够在满足他们现有需求的基础上创造出更完美的需求就是制胜的关键，而这就是创新。苹果这家企业的成功就是以创新夺得了用户，腾讯的微信也是如此。那么，思考一下，你的组织设计能否有效激发员工的创新能力呢？

所以不管在互联网行业还是在传统行业，在当下一切随“变”为背景的环境下，这三项能力成为企业赚钱的核心能力。因此，企业在进行阿米巴小单元组织的时候必须要结合企业的实际状况，思考企业自身需要体现什么样的核心能力，我们的小组单元应该朝着这个方向去匹配。

【小巴提示】

只有越来越多的人愿意把力借给我们，企业才能获得成功。

传统管理模式的企业里，对公司业绩和利润负责的几乎都是销售部门，对整个公司利润负责的往往是老板。而阿米巴经营模式通过把大企业划分成若干个小集体，从原来一个人或者某几个人关注利润到最后变成更多的人来关注利润，提高效率，增强协作，恰恰不是为了分，而是为了合，形成“赚钱的合力”！划分组织的目的不是为了把组织化小，而是要通过化小让更多人参与到为公司赚钱的行动中来，这才是关键核心。

阿米巴经营模式划分小单元，把每个单元都当作小公司一样进行运作，小单元独立核算的前提意味着这个部门有收入、有费用，并且能够核算出它的利润。

● 案例 3

2006年，应世界500强企业西门子旗下某全资子公司邀请，我们来到佛山，参与咨询项目的前期调研，该公司当时已经实现生产设备全部自动化。

在做企业调研时，遇到一位生产作业人员向我们诉苦。自动化设备发生故障，经排查发现是其中一个密封圈坏了。根据公司当时的制度，密封圈坏了可以直接申请采购。

整个采购流程具体来说是这样的：首先，由需求部门提交采购申请单；然后，由生产部领导者做审批；其次，提交给采购部做审批；接着，再提交到财务部审批；最后，再交还给采购部进行采购。

【小巴提示】

阿米巴组织的划分前提包括：已经明确的企业经营战略，企业未来的业务布局，企业可持续发展的根本核心竞争力。

一个小小的密封圈从提出申请到采购回来，中间需要5个人签字。整个流程走下来，一个星期还没有采购到位，严重影响了生产进度。

这位诉苦的生产作业人员同时也表示，如果这个密封圈让他来采购，绝对要不了30分钟，因为在公司附近的五金综合市场就可以买到。

为什么一个小小密封圈竟然一个星期都采购不回来？原因就在于，只有基层的生产的人员了解密封圈的重要性，但签字审批者们并不了解。很多企业签字只是为了体现这个事情的处理中有相关部门负责人的存在，但他们根本不是对这个事情负责，所以会出现外行管内行的现象，从而降低了企业的效率。

阿米巴组织架构的划分就是要解决传统企业管理模式下的类似问题。做阿米巴组织架构时首先要思考：

· 哪些是一线作战的部门和人员？
· 哪些部门可以直接创造收入？
· 哪些部门会影响直接创造收入部门的利润？

要进行阿米巴组织划分，必须理解传统组织架构和阿米巴组织架构到底有什么区别（如图3-3所示）。

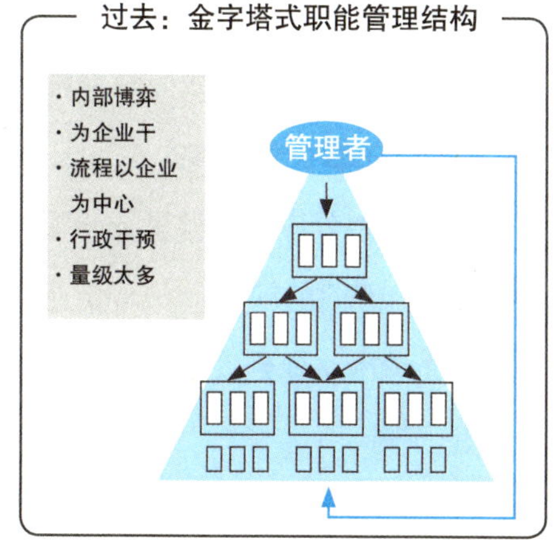

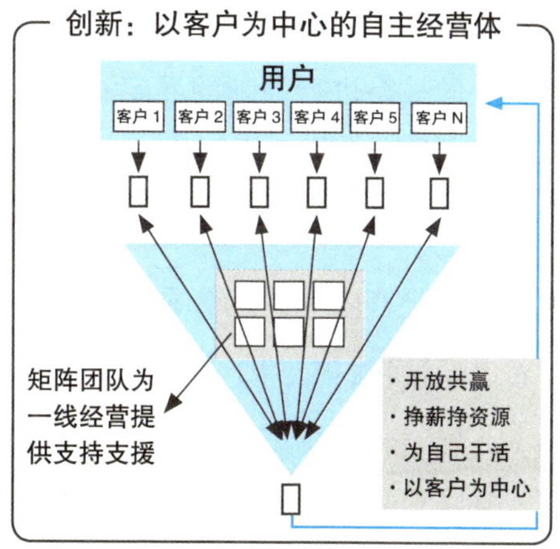

图 3–3　传统模式和阿米巴模式下企业组织架构的对比

不难看出，在传统模式组织架构中，企业组织架构呈金字塔型，而在阿米巴组织架构中，其组织架构则呈倒金字塔型结构。这一结构能够真正让组织内部形成以客户为中心的自主经营体。

在具体的划分方式上，传统的组织架构划分有的按职能划分，有的按事业部划分。不论采用何种划分方式，都会因为等级分明而导致可能的官僚主义，进而导致企业运营效率低下。因此，在传统企业中，我们往往会看到人浮于事的现象。再加上每个部门都有其负责人，员工也只对自己部门的领导负责，而部门负责人自然而然就掌控着整个部门的生杀大权，对于员工来说，对其尊重、服从就成了唯一的选择。

长此以往，也就出现了我们经常看到的不同部门之间各自为政。当企业中各个部门都围绕自己部门的 KPI 和目标努力而不关心其他部门的利益、公司的利益时，企业又何谈健康发展呢？

与之不同的是，阿米巴组织架构的划分会在正式划分组织架构之前，先对企业的战略进行清晰的界定和确认。正如稻盛和夫所说："如何建立阿米巴组织是阿米巴经营的开始，阿米巴组织的划分是阿米巴经营模式在企业推行过程中能否成功的核心关键。"那么，阿米巴组织划分应该从哪里开始呢？对于企业经营者和管理者来说，首先需要明确三个方面的问题：一是企业业务布局的核心概念，即企业战略的核心关键；二是思考企业到底靠什么赚钱，即企业利润的来源；三是阿米巴组织架构划分的原则。

其中，在企业核心战略上关注的重点在于如何让企业实现持续经营，达成百年基业。在企业利润来源上，重点在于对企业赚钱的产品和服务生命周期的了解，因为没有任何一种产品或者服务能够持续几百年甚至上千年的时间去满足客户的需求。所以，企业要想基业长青，必须从核心业务、增长业务、种子业务三个维度对企业的业务进行构建（如表 3–1 所示）。

表 3–1　企业构建业务的三大维度

业务类型	业务价值及具体描述
核心业务	核心业务是目前给公司带来足够现金流或者足够利润的产品、服务、经营模式。
增长业务	增长业务当前不如核心业务能为我们提供足够的现金流，但是未来 3~5 年会形成新的一轮核心业务，给企业的生存提供底气和动力。
种子业务	种子业务可能是未来 5~10 年企业赖以生存的赚钱业务。

任何一种模式，任何一种产品都有可能在未来被市场抛弃掉，产品没了，企业还是要生存下去的，那么一旦核心业务慢慢枯竭以后怎么办？这时就要

构建其他业务。企业要想成为百年企业，必须要学会构建这三种业务，就是企业经营者一定要边吃边看并且还要想。

二、阿米巴组织的划分与原则

阿米巴小单元的划分绝对不是简单的分割，任何企业进行小单元划分必须从三个角度思考（如图 3–4 所示）。

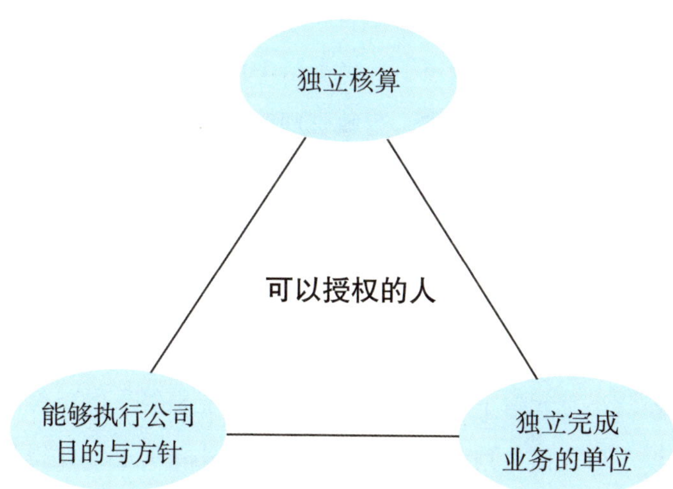

图 3–4 阿米巴小组单元的划分原则

1. 能够独立核算

在企业实际推行阿米巴模式的过程中，原则上每一个业务板块、每一个部门都可以被当作一个小阿米巴经营组织来看待，但经过多年的阿米巴经营模式实践，我们发现在很多企业中有很多部门无法被当作（或者说目前阶段）

一个阿米巴小经营单元，比如人力资源部。因为很多企业的人力资源部不像大型集团的人力资源部那样分工明确、专业，比如，大集团的人力资源部里某个小单元专门负责人才招聘，某个小单元专门负责员工培训，所以在这样分工专业、明确的情况下，企业能够明确该小单元的“内部计价”（关于内部定价我们会在第五单元里讲到）。

反观现实中很多的中小民营企业，为何他们企业的人力资源部等某些部门无法进行独立核算呢？究其原因主要是没有做到像大型企业那样分工明确、专业。看看很多企业人力资源部的名称就知道，它不叫“人力资源部”，而是叫“人力行政综合管理办公室”，该部门不仅要负责人才招聘，还得负责企业文化、员工关系、员工培训、行政管理等大量的工作。所以，回到现实当中来，这样的部门在实际操作过程中很难对企业的每一项工作进行有效的“内部定价”，既然很难定价，那也就意味着收入难以确定，收入难以确定，那就实现不了“独立核算”。

2. 独立完成业务的单位

阿米巴经营小单元除了是一个能够实现“独立核算”的单位外，本着绝对不能为了划小单元而去划小单元的原则，这个小单元必须还得是一个“独立完成业务的单位”。

● 案例 4

我在多年前辅导过一家机械制造行业，这家企业中有个车间是做注塑件的，规模不大，大概有20人左右，16台注塑机。这个车间是24小时（白班+夜班，白夜班每周轮换一次）不间断操作。在进行阿米巴组织划分的时候，该企业想把白夜班进行独立核算，于是把白、夜两个班分别当作两个独立小单元。这一做法原本无可厚非，但是在后续的实际操作过程中却遇到了一些问题始终无法解决。

·夜班要顺利生产，需要白班提前准备好物料，同时夜班也要为白班提前准备物料，后续出现各班为了提升自己的产能（收入），不愿意多花时间为下一个班付出更多的情况；

·物料的领用不仅仅是为自己这个班领用，导致后续物料的成本很难准确衡量；

·整个车间的水电、能耗没有在每台设备单独体现；

·设备出现故障，内部经常纠结到底是谁造成的。

……

从此案例中可以看出，该企业在进行阿米巴组织划分的时候没有很好地从“独立完成业务的单位”这个角度出发，在企业内部各项流程、制度、数据收集及区隔上没有打下比较好的基础的时候，只是为了划分而划分，后续就会带来很多的问题。

3. 能够执行公司的目的与方针

阿米巴经营小单元除了必须要“独立核算”、是“独立完成业务的单位”以外，这个小单元在经营过程中所表现的行为也不能违背公司的目的与经营方针。

● 案例 5

我在 2014 年辅导过一家做手机触摸屏业务的企业，企业规模也比较大，年营业额大概在 160 亿元左右，这家公司有一个很重要的部门——售后服务中心。这家企业的经营层为了激发该部门的工作积极性、自主能动性，决定将这个部门当作一个独立的阿米巴经营小单元，公司对这个部门实行的制度是：按每次处理客户问题的次数、时间来进行内部计价，作为售后服务部门的经营收入。但问题也随之而来，该部门为了做大自己的经营收入，经常出现如下啼笑皆非的事情：

· 该部门人员内心都希望公司的产品在市场上出现问题，因为只有出现问题，这个部门才能创造收入；

· 原本一个客户投诉的问题一次可以处理完成，现在经常拖拖拉拉，需要多次才能解决。

从以上的案例可以看出，该公司在进行阿米巴经营小单元划分的时候没有充分思考公司给予该小单元的计价模式背后会带来的行为表现，也没有深入思考这样的行为表现是不是公司所鼓励的。

4. 必须找到可以授权的人

阿米巴经营模式的核心目的是通过划小单元、内部交易、独立核算的模式培养员工的经营意识，从而达到提升企业经营利润的目的。但是，很多企业在推进阿米巴经营模式过程中，除了以上三个基本原则外，往往还忽略掉一个很重要的因素——人。要知道，再好的模式如果背后缺乏人的支撑，一切都是“空中楼阁”。

所以，回到实际的经营过程中来，企业进行阿米巴组织划分必须关注人的经营能力的提升，“人”才是决定阿米巴模式导入企业获得多大成效的核心关键所在。因此，在企业中是否能够找到适合做巴长或者具备巴长培养潜质的人是相当关键的（如何培养巴长的经营能力将在第五章中呈现）。如果缺少“人”这个重要的先决条件而采取“霸王硬上弓”的方式强推，就会出现人为制造的瓶颈。

三、阿米巴组织划分的五大步骤

对于企业经营者来说，企业中阿米巴组织的划分具体分为五个步骤（如图 3–5 所示）。

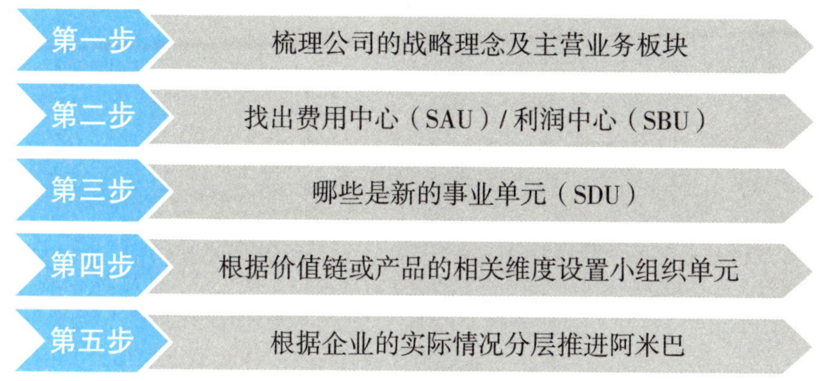

图 3–5　企业中阿米巴组织架构划分的五大步骤

第一步，梳理公司的战略理念及主营业务板块。这一步的目的主要是分清楚哪些是核心业务，哪些是增长业务，哪些未来可以成为种子业务。

第二步，找出费用中心（SAU）和利润中心（SBU）。费用中心就是那些不能直接为公司创造收入、利润的板块或部门，比如人力资源行政、财务、法务等提供支持服务的部门，也就是后勤部门。利润中心就是能够直接为公司创造价值的部门或板块，也是能够透过内部定价实现独立核算的部门或板块。

第三步，哪些是新的事业单元（SDU）。针对梳理出的新的事业单元，根据公司的业务布局，判断出公司未来几年将会延伸出哪些业务。

第四步，根据价值链或者不同的维度设置相关的小组织单元。每个企业都有不同的价值链条，即企业各个赚钱环节的串联。价值链有两个判断条件，一是是否可能增值，二是需不需要划分专门的阿米巴来应对。这一步，根据价值链或者不同的维度来设置相关的小组织单元，合并公共机能，减少机构重复，以使组织能高效运行（如图 3–6 所示）。

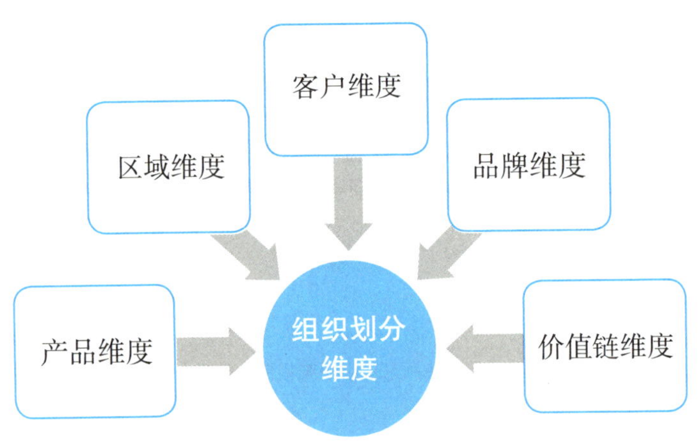

图 3–6　阿米巴模式下组织划分的五个维度

第五步，根据企业的实际情况分层推进阿米巴。我们不建议企业一导入阿米巴就有“一步到位”的想法，可以每年逐级推行。

阿米巴组织划分是实行阿米巴经营模式的前提条件，这一步影响到整个阿米巴经营模式是否可持续执行。企业经营者一定要对企业自身的核心能力、战略、主营业务等进行全面分析，分析后再根据阿米巴组织划分的步骤一步步落实。总之，企业经营过程其实就是一个借力的过程，只有越来越多的人愿意把力借给企业，企业经营才能获得成功。

阿米巴组织划分小单元的过程就是一个借力的过程，对阿米巴组织的划分不是简单地为了划小单元而划，而是通过把组织划分小单元，在企业里找到除了销售部门以外的更多对公司业绩、公司利润负责的部门。

通过把组织单元划小和把经营权下放到各个阿米巴经营小单元，让他们从“管理”迈向“经营”。

阿米巴经营模式之独立核算

思考

企业经营过程中有盈利也有亏损，作为企业经营者，你真的清楚到底哪个部门赚钱、知道企业的利润都来自何处吗？

美国某知名咨询公司做过一个调查，发现企业中 91.48% 的员工都会高估自己对企业的贡献。调查数据显示，员工对自我价值的评估竟比其实际对企业的贡献高出 30 倍！

也许，当听到这个数据的时候，作为老板的你会大吃一惊，然而事实就是如此，造成这种“差距”的原因在于大部分的企业无法准确地衡量每个部门、每个人、每个产品的贡献。同时也缺乏一套大家都可以操作的核算系统，导致部门、个人都高估了自己的贡献。

在传统的企业模式下，很多企业也采取了绩效管理模式，对各个核心岗位、部门都进行了 KPI 的考核，却发现一个很大的问题。众多企业在衡量一个部门或个人对企业贡献的时候都喜欢采用总量考核这样的考核方式，往往导致管理者在管理过程中缺乏经营思维。为了完成公司的总量目标，各层级管理人员都向上一级索要资源，不断盲目地加人、加设备，进而导致成本不断上升。

然而，我们是否思考过：为什么销售额增长了，企业却没有利润?

在传统管理模式里，企业经营者很容易走进一个很大的误区：用总量来评价公司、评价每个部门是否做得好，到最后发现公司根本不挣钱时却为时已晚，无法补救。在我们为企业辅导和咨询的过程中，这样的案例比比皆是。

● 案例

2013 年，我带着三个顾问辅导东莞某包装上市公司。在进行项目调研、诊断的过程中，该公司的常务副总经理跟我们谈到一个问题，期望得到顾问们的解决方案。

2011 年底，原本按照惯例应该要给员工进行薪酬调整，基于过往调薪中人为主观成分太多以及公司缺乏一套相对科学、公平的薪酬机制，为了让公司能够有更充分的时间建立薪酬规范，所以企业管理者采取了缓兵之计，宣布：通过大家一年的努力，2012 年公司整体营业收入如果增长 30% 以上，公司承诺在 2013 年年初全体员工的薪酬上涨 20%。

结果 2012 年当年经过公司全体成员的共同努力，公司的营业额超出了年初预定的 30%，达到了 50% 的增长。

然而到 2012 年年底，公司经过核算发现：尽管公司的销售额增长了 50%，但利润却没有任何增长，如果全体员工的工资总额再加 20% 的话，就意味着企业会产生亏损。

后来，经过顾问的不断了解及诊断，发现造成这一局面的核心关键就在于这家企业过往比较关注业绩的增长，对部门的考核也更看重“量”（当然，总量对于企业来讲也很重要），所以就导致总经理为了实现总量的增长不断向老板要资源，增加厂房、增加设备、增加人力等；同样，各事业部、部门为了实现总经理下达的总量目标要求，也向上一级领导索要资源，但是没有一个人去关注资源投入背后带来的产出（利润）。

其实，出现这种问题的原因就在于，在传统的管理模式下，大多数企业没有一套核算体系来核算各部门的经营成果。虽然每个企业都有严谨的损益报表、现金流量表、资产负债表等报表体系，但是传统的核算报表体系太专业、太难懂、太滞后。

大部分企业都不会把公司的损益报表展示给员工，所以造就了在传统的管理模式下，几乎没有员工去关注企业的经营（利润），也只有少数人有“权”去关注经营。

所以，企业经营者如果想要员工参与经营，就必须制订一套有别于传统模式的企业会计报表，让员工一目了然，才能够为实现员工真正参与企业经营创造条件，员工才有可能想我们所想、急我们所急，这就是阿米巴模式下的企业经营会计表（如表 3-2 所示）。

表 3-2　阿米巴模式下的企业经营会计表

<table>
<tr><th colspan="3" rowspan="2">阿米巴</th><th colspan="2">本月度计划</th><th colspan="2">本月度实际</th><th rowspan="2">实际 – 计划</th></tr>
<tr><th>计划</th><th>占销售净额</th><th>实际</th><th>占销售净额</th></tr>
<tr><td rowspan="3">销售额</td><td>对外销售</td><td>1</td><td></td><td></td><td></td><td></td><td></td></tr>
<tr><td>对内销售</td><td>2</td><td></td><td></td><td></td><td></td><td></td></tr>
<tr><td>对内采购</td><td>3</td><td></td><td></td><td></td><td></td><td></td></tr>
<tr><td colspan="2">销售净额（1）</td><td>4</td><td></td><td></td><td></td><td></td><td></td></tr>
</table>

续表

阿米巴			本月度计划		本月度实际		实际－计划
			计划	占销售净额	实际	占销售净额	
变动费	原材料成本	5					
	辅料成本	6					
	水费	7					
	电费	8					
	…	9					
合计		10					
边界利润（2）		11					
边界利润率							
固定费	工资及福利	12					
	厂房租金	13					
	设备折旧	14					
	…	15					
合计		16					
经营利润		17					
投入人员		18					
人·月劳动生产力							

正如稻盛和夫在阐述企业经营为什么需要阿米巴经营会计报表时讲述的那样：一个经营食品杂货店的老板可能知道自己每一天的收入、利润和亏损，却并不一定知道到底是在哪个时间段、哪个商品上赚的最多，是卖肉赚得多还是卖鱼赚得多，卖干货赚得多还是卖蔬菜赚得多，更不用说知道每个品类分别赚了多少……

通过导入阿米巴经营会计，首先让经营者清楚地知道企业经营的四大损益，即公司损益、团队损益、产品损益和个人损益。运用阿米巴经营会计报表的，其主要价值在于能让每个阿米巴根据经营数据所反映的企业真实经营状况进行改善，以让所有阿米巴成员掌握每天、每周、每月的经营实况，并同时进行改善，帮助经营者在现场及时做出决策。

从运用的角度来说，阿米巴经营会计报表可以说是一个人人都易学、易懂的会计体系。在具体的使用中，每个事业部、每个部门都有自己经营的会计报表，每个报表只有五个专业科目：销售额、变动费用、边界利润、固定费用、经营利润，五大科目覆盖了该阿米巴在实际的生产运营过程中发生的每一类费用（如图 3-7 所示）。

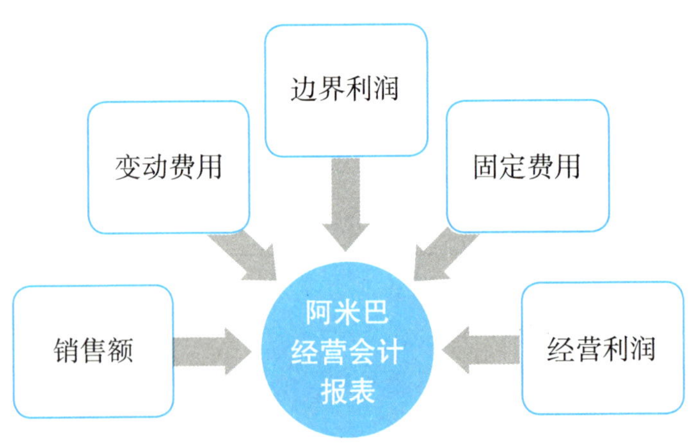

图 3-7　阿米巴经营会计报表的五大科目

一、销售额

在传统模式下，企业的销售额是指企业提供的商品或服务只要得到客户确认就视为“销售额”，但是稻盛和夫认为不仅要客户确认，还得把款项收回，才能算作企业的“销售额”，即现金本位原则。

但在现实中操作时，有些行业不是现款现货或者是先款后货模式，而是月结、年度结模式，那么，这时候就可以采用第二个原则——遵循行业规律，即按权责发生记入销售额。比如，常见的“在发货后客户确认收到货即可计入销售额”就是典型的情况。

二、变动费用

顾名思义，变动费用指的是相对于营业额或销售额增减而发生变化的费用，其相互之间呈正比相关。例如，一家服装企业每多生产一件西服，其相应的原材料成本就会增加，这部分费用就是变动费用。变动费用通常按照与销售额之间的比率来管理。比如，营业额降低 10% 以内，变动费用也应相应控制在 10% 以内。

三、边界利润

边界利润是阿米巴经营会计报表里非常重要的一个概念，在阿米巴经营会计报表中，边界利润等于销售额减去变动费用。值得注意的是，边界利润以固定费用为边界。这就意味着，在阿米巴经营会计报表下，如果企业经营者想知道某个阿米巴的经营是盈利还是亏损，只需要将边界利润减去固定费用就能得出答案。

所以，当边界利润等于固定费用时，说明该阿米巴不赚不亏；当边界利润大于固定费用时，说明该阿米巴是赚钱的；而当边界利润小于固定费用时，则是亏钱的。

四、固定费用

固定费用不随营业额的变化而变化，它是需要固定支出的费用。例如，即使企业当月任何营业额都没有，企业经营者也要支付办公场地房租、员工工资、法定福利等一些必须支付的费用。

【小巴提示】

阿米巴经营模式财务报表的第二特点：实现目视化管理，数据成为企业经营的指南。

五、经营利润

在阿米巴经营会计报表下，经营利润是指边界利润减去固定费用之后的费用。

阿米巴经营会计的实质就是一个数字经营模式，数据对于每个企业非常重要。日本企业和美国企业擅长指标数据管理，也叫企业目视化管理。何谓目视化？又何谓数据化？在优秀的企业里，企业经营者足不出户就能掌握企业各个环节的经营状况。一旦导入阿米巴经营模式，我们就可以对公司每个环节点的经营状况了如指掌，让数据成为经营的指南，实现“把企业装进口袋”的目的。当我想了解企业的时候，拿出手机、电脑就能够看到企业在各个环节的经营状况。

正如美的老板何享健所说：“权力下放以后我不再插手过问具体事务，我每天的工作内容得以简化，但有一件事情必须每天坚持，就是每天上午10点，我会审阅集团各事业部、子公司的会计报表。即使我出国了，也会让秘书读给我听，所以我每天都知道公司的经营状况。”那么，作为阿米巴经营会计的核心功能，经营利润到底能反映企业哪些状况呢？

首先，反映企业的四大损益。一是公司损益，即企业经营最终是赚钱还是亏钱；二是团队损益，即不仅知道公司亏钱还是赚钱，还知道到底是哪一个团队做出了贡献、哪一个团队造成了损失；三是产品损益，即知道我们公司赚和亏是由哪一个产品导致的；四是个人损益，就是可以做到每个个人都可以核算，谁对公司做出了多少贡献一目了然（如表3-3所示）。

表 3-3 阿米巴经营会计的四大损益

阿米巴经营会计的四大损益			
公司损益	团队损益	产品损益	个人损益

其次，通过阿米巴的经营会计报表导入企业，可以做到让数据说话，做到数据为经营所用，一切成果由数据说了算。企业经营的成果、盈亏对比通过数据就能确认。

这张经营会计报表上所有数据的最终成果反映了企业的管理过程：

- 每个员工表现如何？每个员工为企业创造了多少收入？
- 每个部门做得如何？每个部门为企业贡献了多少利润？
- 每个产品对企业的利润贡献值是多少？

通过阿米巴经营会计报表数据，在员工的绩效达成上能够实现统一的评判标准，也能清楚地看到员工为企业带来的贡献，同时，还能快速获取企业的利润状况。

最后，能真正实现“人人都是CEO”。在正确进行阿米巴组织划分的基础上，让每一个阿米巴都有属于自己的一套经营会计报表体系，让每个人都知道该阿米巴的经营状况。这样，通过经营会计报表就能让员工随时随地检讨自己的行为和工作努力程度，通过不断改善和进行规划，让每个员工关注所在阿米巴的收入、费用和盈利情况，因为每个员工都能看到自己阿米巴的收入、费用和盈利。

所以，在企业经营过程中，阿米巴经营会计能让企业经营者、管理者、员工都能够时时一眼看穿核心关键，知道问题在哪里、谁才是公司业绩的真正利润贡献者、谁才是公司真正的功臣！

在企业里，只有让各个部门学会精打细算，企业才能实现高收益！

阿米巴经营模式之内部交易

思考

在企业经营的过程中，到底是谁应该真正对企业的业绩负责？很多人的答案是“销售部门”。错！

在不少企业中，一般情况下对企业业绩负责的是销售部门（或业务部门）。但有一个我们不得不承认的事实是：企业的业绩不是仅由销售负责，而是由全体员工共同努力创造的。

因此，如果仅仅由销售部门（或业务部门）负责企业业绩，企业内部各部门之间不仅不能形成合力，还可能导致各自为政的现象。

如何摆脱传统模式下只有销售部门关注公司业绩、只有销售部门对市场的变化产生敏感反应的状况呢？如何让看似与业绩不相关的其他部门如采购、设计、研发、生产等部门也像销售部门那样关心公司业绩，关心外部市场变化呢？

这时就需要运用阿米巴经营模式下的内部交易，它能让企业内部不同的部门成为“一条绳上的蚂蚱”，能让每个部门都感受到市场带来的压力。因为，在一个企业中，只有销售部门感受到市场压力是远远不够的。

我们先来看看海尔集团的案例。

● 案例 1

成立于 1984 年的青岛海尔集团，经过 30 多年的发展，从一家集体小厂发展成为全球大型家电第一品牌。2012 年海尔正式对企业做重大变革，从传统的集团化大型组织开始划分小组织单元，形成众人创业模式。

张瑞敏曾说：“工人们非常聪明，经常会提出好点子，而管理者由于受制于规则，会做出很多愚蠢的决定。如果有一天我有机会，我会允许工人们掌握控制权。”

随着海尔众人创业模式的推行，最终，张瑞敏将这一设想变成了现实。企业中每一个人都成为 CEO，都可以是一个创业主体，获得平台支持，链接更多资源实现自己的创业梦想。员工成为“创客”。

经过 5 年的磨合，海尔的众创模式取得了显著的成果。2017 年，海尔的全球营业额实现了 2419 亿元，同比增长 20%。

案例中海尔集团的海尔模式，其实质就是阿米巴经营模式的经营版本。海尔通过人人创业模式，将原本的海尔集团划分为一个个阿米巴小经营单元，而这些小经营单元的成功，是通过海尔集团整个平台的支持才得以实现的。

在这一过程中，作为海尔集团的经营者，通过让人人都成为 CEO，张瑞敏摆脱了作为企业经营者对企业未来经营承担掌握战略和方向的重任，将企业的发展重任移交给了海尔的所有员工。

对企业经营者来说，都想获得像海尔那样的成功，却苦于不清楚从哪里下手，这也是困扰很多企业经营者的关键点之一。而问题的

> 【小巴提示】
>
> 根据市场价格，通过各自的钻研意识降低成本，创造出更多的利润，这是阿米巴的使命。

关键就在于，在企业经营的三大根本中，利润是由所有人创造的，但在传统模式中只有销售部门在关注业绩和利润。

所以，如何打破企业内部不同部门之间的“部门墙”就十分重要，阿米巴经营模式下的内部交易，目的就是让员工成为经营者，在不同部门之间形成联动，打破“部门墙”。那么，如何让员工成为经营者呢？这就需要将企业的内部交易进行市场化。

阿米巴经营模式的内部交易以产品的市场价格为基础，通过公司内部交易直接把市场价格引入各个阿米巴，然后根据公司内部交易价格开展生产活动。根据市场价格，通过各自的钻研意识降低成本，创造出更多的利润，这是阿米巴的使命。

如表 3–4 所示，在阿米巴经营模式会计损益表中，有一项为销售额收入，其主要分为三个栏目：一是对外销售额，二是对内销售额，三是对内采购额。这三个栏目就体现出不同阿米巴之间的内部交易关系。那么，在阿米巴经营模式下，内部交易模式是如何产生，如何进行的？各阿米巴的收入又是如何

表 3–4　阿米巴模式企业经营会计损益表（销售额部分）

<table>
<tr><th colspan="2" rowspan="2">部门
项目</th><th colspan="4">部门</th><th rowspan="2">公司合计</th><th rowspan="2">百分比</th></tr>
<tr><th>商品中心</th><th>百分比</th><th>销售中心</th><th>百分比</th></tr>
<tr><td rowspan="3">销售额</td><td>对外销售</td><td></td><td></td><td></td><td></td><td></td><td></td></tr>
<tr><td>对内销售</td><td></td><td></td><td></td><td></td><td></td><td></td></tr>
<tr><td>内部采购</td><td></td><td></td><td></td><td></td><td></td><td></td></tr>
</table>

确认的呢？在回答这些问题之前，企业经营者需要对阿米巴模式下内部交易的传导机制进行了解（如图 3-8 所示）。

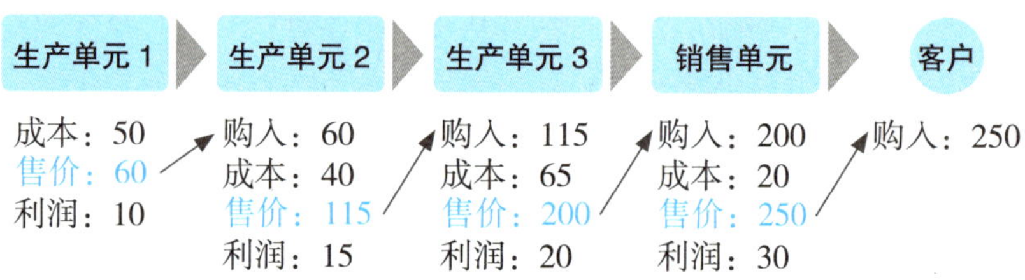

图 3-8　阿米巴模式下企业内部交易传导机制示意图

如果将图中不同阿米巴（生产单元、销售单元）之间的交易描述为一个完整的故事，那么，我们将会看到如下这样一个案例。

● 案例 2

一家生产型企业从市场买入原材料进行生产。

其中，在生产单元 1 完成成品的初期加工（或半成品加工）的过程中，产生了 50 元的成本（人工费、机械设备费、管理费等），但生产单元 1 要确保自己获得 10 元利润，因此，在第一道工序结束后，卖给生产单元 2 时，成品售价就是 60 元。

因为是内部交易，所以这一价格是对内销售价格，那么生产单元 2 对内的采购成本就是 60 元，然后在第二道工序加工过程中，产品成本又相应增加了 40 元。与生产单元 1 一样，生产单元 2 也要确保获得利润，并将利润额定在了 15 元。所以，当第二道生产工序结束之后，生产单元 3 的对内采购成本将是 115 元，这 115 元也是生产单元 2 的销售收入……

可见，通过内部交易传导机制，相应的内部交易模式也随之确定，而确定内部交易模式是阿米巴经营模式下实现内部交易的重要环节。其中主要包含三个要素：一是交易关系，二是结算单元，三是内部定价（如图 3-9 所示）。

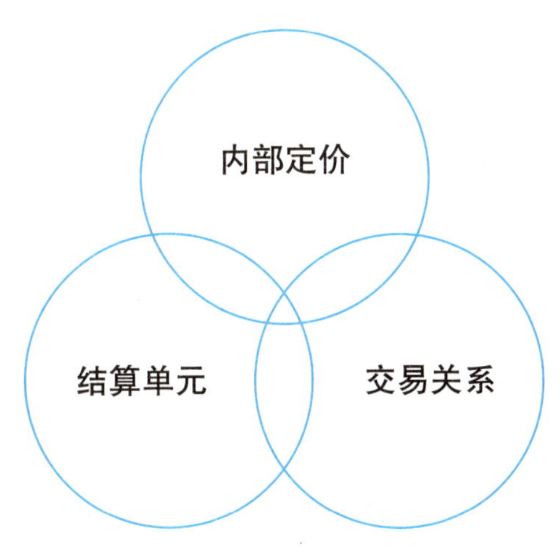

图 3-9　阿米巴经营模式下企业实现内部交易模式的三要素

一、明确阿米巴各单元的交易关系

阿米巴经营模式下的内部交易关系主要基于阿米巴组织的划分。但在不同的阿米巴单元之间，所有产品的内部交易都基于产品在各个组织单元产生的连接。所以，将不同阿米巴单元之间的买卖关系明确，即买卖关系在哪两个阿米巴单元之间发生这个问题一旦明确，各阿米巴单元的交易基础就有了。

如图 3-10 所示，图中列举了在阿米巴经营模式下，不同阿米巴单元之间可能存在的几种交易关系模型。在实际的操作中，企业经营者和管理者需要结合企业自身实际情况，确定最适合当前企业经营的模型。明确阿米巴经营模式下的企业内部交易关系，就为内部交易的实现奠定了基础。

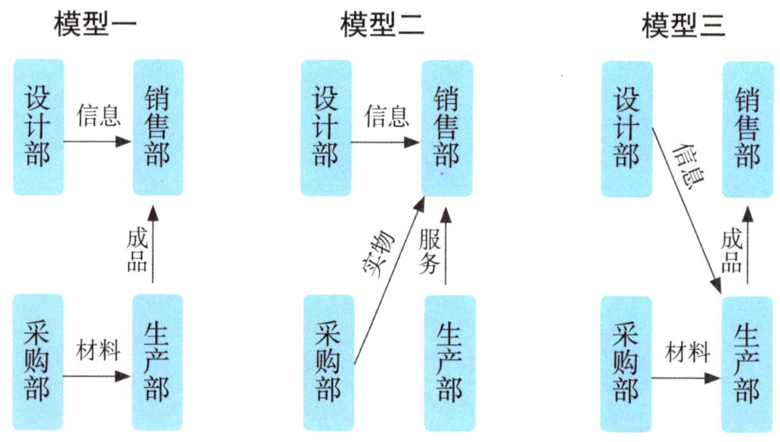

图 3-10 阿米巴经营模式下不同阿米巴单元交易关系模型

二、明确企业的阿米巴经营结算单元

阿米巴经营模式下的企业内部交易关系确定之后，企业经营者和管理者接下来面临的一个问题是如何确定结算单元。在传统经营模式下，不管企业销售额是一亿元还是两亿元，最后都统一结算到销售部门，因而销售部门就是结算单元。

而在日航重生的过程中，稻盛和夫将原本的结算单元（售票部门与货运部门）调整为航线运营本部，这就意味着航线运营本部是对公司总收入、总利润负责的部门，其他所有部门都与其发生内部交易关系。所以航线运营本部就是结算单元。那么对于企业经营者来说，一个关键的问题就在于：在我们的企业中如何确定结算单元，这是阿米巴内部交易的核心关键。

如表 3-5 所示，在阿米巴经营模式下，明确企业的内部交易结算单元可以结合这两种模式。

表 3-5 阿米巴的两种结算模式

阿米巴经营模式下内部交易结算单元类型	
订单式销售模式 MTO	库存式生产模式 MTS

一是订单式销售模式，这一模式又叫面向订单生产模式（Make-to-Order，简称 MTO）。在这一模式下，企业的研发、采购、生产、交付等各环节都是在客户下达订单的情况下才展开工作。同时，在这样的模式下，产品 / 服务的价格受制于市场，销售对公司收益的影响相对于下面提到的 MTS 模式来讲影响有限。这时企业内部的交付能力决定了企业的收益，因此在 MTO 模式下建议将结算单元归为生产部门，销售可以按照一定的比例从中计提佣金作为收

入（当然，销售部门的收入包括了销售的基本运作成本及收益）

二是库存式生产模式（Make-to-Stock，简称MTS）。与订单式生产模式相反，MTS模式下的采购、生产、销售是按照原有基于市场对市场的判断来进行的。比如服装类企业，一般服装类企业都是提前半年及半年以上确定季度款式，但是谁也不敢保证当季节来临的时候原先看好的服装款式能够像预期那样销售，可能出现脱销，也有可能出现滞销。假如出现滞销情况，这时候销售部门可能会投入大量的资金、时间、精力做广告，举行打折、促销、买赠等活动。因此，在MTS模式下，销售部门对公司的收益影响相对于MTO模式来讲就要大太多了。所以，采用这一模式建议把结算部门放在销售部门。

思考：如果您的企业两种情况都有，如何办？

三、明确阿米巴单元之间的内部定价

既然是交易，即使是内部交易肯定也需要定价。传统的阿米巴经营模式有五种定价法：市场定价法、绝对佣金定价法、协商定价法、合作定价法、成本定价法（如表3-6所示）。

除传统的五种内部定价法之外，在以往的企业辅导中，我们还根据企业经营的实际情况，对阿米巴经营模式下的企业内部交易总结出一种新的常用方法，就是盈亏平衡点法。什么是盈亏平衡？例如，我曾辅导过一家上市驾校集团，其营销部门每招一个考生的成本为750元，按照其上一年的招生数量，750元刚好能确保部门盈亏平衡，那么我们就将这样刚好能够覆盖营销中心所有的运作成本的价格作为其内部定价。

同时，企业经营者和管理者还要注意的是，在内部定价的过程中要遵循相应的原则（如图3-11所示）。

表 3-6　传统阿米巴经营模式下的五种内部定价法对比表

序号	定价方法名称	具体内容	可能面临的问题
1	市场定价法	参考外部市场定价，根据外部市场上同样规格、材质等特性的产品定价。	1. 如果一个产品的工序（零部件）较多，不一定都能找到对应的参考。 2. 市场上所对应的产品的工序（或零部件）定价之和大于公司内部定价。
2	绝对佣金定价法	按工序（或产品）设定固定提成比例（利润比例）。	如何确定合理的比例。
3	协商定价法	将所有人召集起来，根据实际经营情况，共同商定最终定价。	受个人主观因素影响较大，可能会导致阿米巴单元的经营利润不能真实反映其付出与努力。
4	合作定价法	当服务方提供的产品属于无形服务时，根据对方级别、服务质量给出相应的定价。	适用于无形的产品、服务定价。
5	成本定价法	根据每个阿米巴所产生的成本占比来定价。	不同产品之间的每个环节所用成本不一样，但并不意味着其付出和努力有所不同。

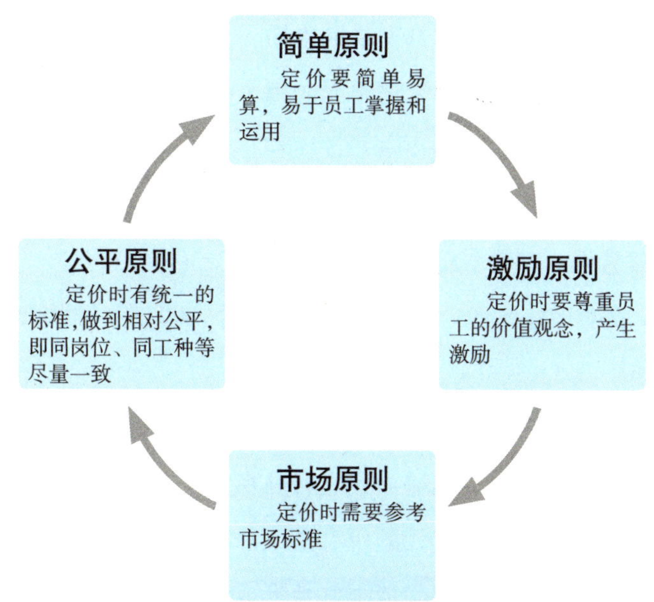

图 3-11　阿米巴经营模式下企业内部交易定价原则

通过确定内部交易关系、确定结算单元、确定内部定价三个步骤，阿米巴经营模式的内部交易模式也随之形成，进而构成企业的内部交易价格体系。但在这之前，对于一些必要的关系我们也要梳理清楚：

- 交易类型是各单元之间还是单元内部之间？交易代码是什么？
- 交易的对象是材料产品还是半成品？
- 服务的卖方和买方分别是谁？
- 采取什么定价法？计算公式是什么？

之所以要梳理这些关系，是因为阿米巴经营模式要达到“人人皆是CEO”的目标，其内部交易的形成就是常态过程，这一过程也是采用阿米巴经营模式的企业内部生态环境形成的过程。

总之，阿米巴经营模式内部交易的本质，就是通过内部交易锻炼员工的经营能力，通过内部交易让阿米巴单元的每个员工都想方设法把自己所属的阿米巴收入做大。

并且，内部交易还能在潜移默化中通过三个方面促使员工成长：一是强化员工的经营意识；二是锻炼员工的经营能力；三是将市场压力很好地传递给员工。这样就能很好地将企业所有员工都心系一处、利益捆绑，就如同“一条绳上的蚂蚱”。

如此一来，在传统经营模式下企业只有市场部、销售部对外部市场波动有敏感的局面也将一去不返，取而代之的是在实现内部交易后，外部市场一有风吹草动，每一个阿米巴单元的所有员工都能清晰地感知。通过内部交易的开展，企业内部不同部门之间能很好地形成联动，进而打破“部门墙”，从根本上提升企业的经营效益和利润。

特别备注：

简而言之，实施阿米巴经营模式下的内部交易，如何相对公平、公正地明确各巴之间的内部定价是决定阿米巴经营模式能否真正落地的核心关键。

另外，不同的定价模型决定了部门的经营行为是否正确。

总之，定价是阿米巴经营模式里最“难”的课题，我们将在下一节中重点阐述。

企业导入阿米巴模式的两种“死法”

思考

为什么中国有些企业导入阿米巴经营模式后，企业的经营不仅没有发生好转，反而走向了夭折？

在以往的企业辅导中，我们看到过太多的民营企业在导入阿米巴经营模式之后，经营效益不但没有好转，反而进入停滞甚至倒退状态。对于企业经营者来说，这是一个需要注意和重视的问题。

究其原因，主要是很多中国企业在导入阿米巴经营模式的时候并没有结合中国国情及企业的自身状况，而是采取了“照搬照抄”的做法，就如前面章节所提到的，不同的文化土壤培育的结果是有差异的。京瓷之所以能够成功应用阿米巴，与其企业文化的建设以及日本的国情、企业经营环境是密切相关的。

我们先来看看下面这个案例。

● 案例 1

2003 年成立于深圳的新一佳超市，成立当年就在全国开出 50 多家门店，创下 50 多亿元的销售额。

2010 年，在其成立 7 年后，年销售额高达 174 亿元，在全国连锁企业中排名 22。由于当时正值互联网快速发展阶段，移动互联网发展的趋势已初现端倪，1 号店、淘宝、天猫等电商的快速发展导致传统的超市经营堪忧，新一佳超市就是其中之一。一场传统超市的经营转型也在酝酿之中。

2013 年 8 月，新一佳开始全盘导入阿米巴经营模式。2015 年，新一佳门店数量为 102 家，销售额为 150 亿元。而到 2016 年，由于爆出供应商讨债事件，其经营开始陷入危机。最终，在 2017 年因为资金链完全断裂，新一佳超市宣布破产。

和案例中的新一佳超市一样，不少勇于创新的企业经营者对阿米巴经营模式的好处和利益都十分清楚，但这并不意味着企业一旦导入阿米巴经营模式后就能一劳永逸，以往困扰企业的一切管理问题就能迎刃而解了。

这是一个阿米巴经营模式导入时常见的误区。企业经营者应该明确的是，企业导入阿米巴经营模式只是企业经营转型的开始，导入之后如何持续性地进行变革才是关键。

那么，在众多导入阿米巴经营模式的企业中，为什么有些企业取得了成功，而有些企业却破产倒闭了呢？通过我多年对导入阿米巴经营模式不成功案例的调查，发现部分中国企业导入阿米巴模式不成功的原因最终其实可以归结为两种“死法”：一是全部挂钩；二是全不挂钩（如图 3–12 所示）。

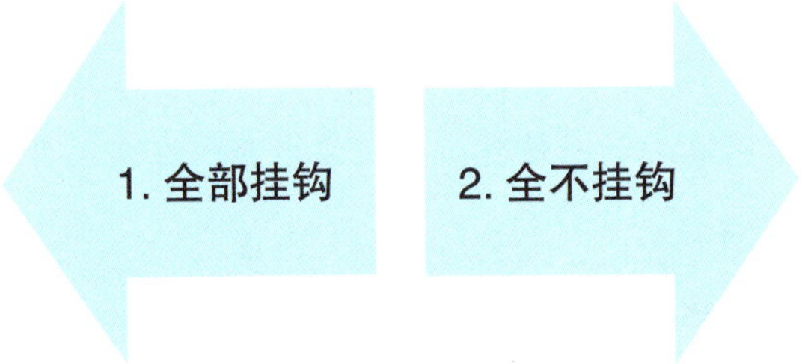

1. 全部挂钩

2. 全不挂钩

图 3-12　中国企业导入阿米巴经营模式常见的两种“死法”

一、全部挂钩

以案例中的新一佳超市导入阿米巴经营模式为例。其在导入的过程中只是单纯地将阿米巴经营模式照搬过来，而忽视了企业自身的经营实际情况以及中国国情和企业经营环境与日本的不同。

同时，很多企业经营者在导入阿米巴经营模式的过程中还会进入另一个误区：认为阿米巴经营模式就是最简单的包产到户，自负盈亏。基于这一认识，不少企业经营者以为把企业经营的责任分配给管理者和员工就是阿米巴经营模式。这就是企业导入阿米巴经营模式的第一种“死法”——全部挂钩。

之所以出现这个误区，是因为企业经营者在基于“阿米巴经营模式就是自负盈亏”的理解下，将企业经营责任和经营结果全部与金钱挂钩。相应地，在每一个阿米巴单元中，将巴长、员工的工资、奖金全部跟该阿米巴单元产生的收入、利润进行挂钩。要避免这一误区，企业经营者在选聘巴长之前应该先认真思考以下问题：

- 巴长如何选任？每个巴的巴长应具备哪些能力？

· 每个巴的巴长是否都能承担经营责任?
· 每个巴的巴长承担经营责任的极限范围预估是多少?

在阿米巴经营模式中，内部定价是重中之重。内部定价如果不够合理，各阿米巴单元之间的利润差异就必然较大，不能正确反映出各阿米巴单元员工的实际努力和付出。

尤其是在全部挂钩的情况下，员工会更加关注定价的公平合理性，甚至深陷其中无法自拔，进而剑走偏锋，将精力放在讨价还价、争取利益而不是改善和提升经营利润上。这时的全部挂钩会导致各阿米巴单元之间、员工之间尔虞我诈，为了每一个订单能争一点利益而面红耳赤。员工对企业经营利润的关注无从谈起，最后企业必然面临死亡的结局。

二、全不挂钩

与全部挂钩相反的是，也有一些企业经营者在企业导入阿米巴经营模式的过程中采取了“全不挂钩”的模式，其错误的根本原因还是在于对京瓷公司阿米巴经营模式的简单照搬。

● 案例 2

某知名国有大型机械设备制造厂成立于20世纪50年代。近年来，由于在激烈的竞争市场里日显疲态，企业经营状况和之前相比逐渐开始走下坡路，在与众多私营企业之间的竞争中更是远远落后。

因此，企业经营者企图通过引入阿米巴经营模式从企业的经营方式上寻求突破。在实际操作上，各经营单元虽然也有独立核算，也能够清楚各部门的“经营利润”，同时也在公司内进行了大量的经营哲学灌输，每天早夕会、大会、小会都让各层级员工熟悉正确的经营理念。但是这样的“好景”不长，各级员工都发现这原来是老板的一种“阴谋”，整天上纲上线让我们为企业卖命，却无法感受到这些理念与自身的利益有何关联，长此以往，员工们都认为这只是一种“愚昧政策”。

由于该企业“全不挂钩”的这种做法没有把企业利益与员工利益进行有效挂钩，导致员工无法真正深入，最终使阿米巴经营模式流于形式，企业也并未如愿以偿地走出经营困境。

其实，案例中这家机械设备企业的经历在不少企业的经营实践中也正在上演或曾经上演过。企业之所以最终没有走出经营困境，是因为在制度的设定上没有真正让员工主动参与企业的经营，没有让他们真正关注企业经营利润的产生。

但也有经营者提出这样的问题：在日本京瓷公司，稻盛和夫先生不也没有将每个阿米巴单元员工的工资奖金和该阿米巴单元进行挂钩吗？

稻盛和夫在京瓷公司阿米巴经营模式的实践中只会采取具体的方式：当某个阿米巴单元当月比上个月做得好的时候，公司给其员工荣誉激励、鲜花、掌声或是礼品。题外之意，更多的是以“荣誉”激励为主。

稻盛和夫在采取全不挂钩的模式下依然将京瓷经营得如此成功，与企业经营文化基础密不可分。

京瓷是通过企业文化来凝聚人心的，日本企业中实行的是员工终身聘用制，企业在福利等各方面也比较完善，所以员工不会为教育发愁，不会为医疗发愁，不会为基本的生存发愁。

而在中国，更多的时候，企业员工不仅要

【小巴提示】

任何一种变革、任何一种产品、任何一种模式的产生，都取决于它的土壤。

面对职场激烈的竞争，还要为买房、买车、子女教育、医疗等诸多生存和发展的基础问题所困扰。

加之中国企业在雇佣关系上采用合同制，企业与员工之间是根据双方意愿确定合同期限的，员工就不得不关注个人的生存和发展机遇。

倘若企业采取全不挂钩的模式，对于员工来说，其收益跟阿米巴创造的利润完全没有关联，每天只能拿基本的工资，渐渐地，员工的主动性和干劲会在日复一日中消磨殆尽。

因而，企业经营者要导入或借鉴阿米巴模式就必须做好充分的准备工作，才能逐步实现企业全员参与经营，人人成为经营者。而不是采取简单粗暴的方式，直接照搬全部挂钩或全不挂钩的阿米巴经营模式。

企业经营者首先要确保的是企业的可持续发展，而这一发展的根本是企业要实现盈利。在阿米巴经营模式下，让员工人人参与经营是企业经营者基于对员工的信任，把组织的运营托付给员工，从而建立起上下一同为企业实现盈利目标的强有力合作关系。所以，调动员工内动力是建立在信任、肯定、尊重的基础之上的。阿米巴经营模式倡导的“人人成为经营者”，正是为了激发员工从内心产生与企业长久共赢的主动负责精神。

而全部挂钩和全不挂钩都可能影响员工内心负责精神的激发程度，若不加思索地简单照搬、使用，很可能会偏离阿米巴经营模式的核心价值观，导致企业最终死亡。

企业在阿米巴经营模式下实现“人人成为经营者”的四个核心关键：一是通过阿米巴模式形成独立核算；二是把经营权下放到每个阿米巴；三是通过经营权下放让每个阿米巴具备自主经营权；四是通过一步步的赋权经营，实现人人成为经营者，从而成就员工。相对于全部挂钩和全不挂钩，这些才是企业经营者在企业进行阿米巴经营模式导入时应该认真思考和掌握的（如

图 3–13 所示）。

图 3–13　阿米巴经营模式下“人人成为经营者”的核心关键要素

阿米巴内部定价真的难吗?

思考

如何让定价这个“世界级难题”在企业中得以真正解决?

对于企业经营者来说,在阿米巴经营模式中内部交易的内部定价上,需要关注的并不是最终选用怎样的定价方式,而是要明白,内部定价的本质在于制订游戏规则。用更简单的话来说,就是制订标准。

在传统管理模式中,无论企业还是企业中的某个部门,对某个岗位的员工做得好不好往往没有明确而清晰的标准。内部定价的过程其实就是树立标准的过程,标准本身并没有好坏之分。

那么,对于企业经营者来说,在阿米巴经营模式中,到底应该如何应对内部定价这个“世界性难题”并顺利克服这一难关呢?我们先来看看下面这个案例,并计算出不同事业中心的净利润。

● 案例

这是一家典型的商贸公司,公司有两个事业部:商品中心和营销中心。

如果加上公司总部人员，共有 147 名员工。

如表 3-7 所示，商品中心从外面最新采购的一批商品成本为 560 万元，在整个经营过程中又产生其他变动费用 22 万元。此外，其固定人工费用是 45 万元，设备费用为 40 万元，其他固定费用 40 万元，共计 125 万元。公司总部共有 18 万元的费用，按照费用分摊原则，这 18 万元商品中心承担了 12 万元。商品中心原有 90 人，按照分摊原则，商品中心分担公司总部 8 人，因此总人数为 98 人。

表 3-7　某商贸公司收入及费用明细

部门	项目								
	销售额（元）	商品成本（元）	其他变动费用（元）	人工费（元）	设备费（元）	其他固定费用（元）	总部费用分摊（元）	投入人员（人）	分摊后人员（人）
商品中心	—	5，600，000	220，000	450，000	400，000	400，000	120，000	90	98
营销中心	10，000，000	—	880，000	350，000	100，000	200，000	60，000	45	49
公司总部	—	—	—	100，000	50，000	30，000	—	12	—

而营销中心对应的数据则是销售额 1000 万元，其他变动费用 88 万元。此外，固定人工费用 35 万元，设备费 10 万元，其他固定费用 20 万元。按照分摊原则，公司总部 18 万元费用中，营销中心承担 6 万元。同样，营销中心原有 45 人，按照分摊原则分摊公司总部 3 人，因此总人数为 48 人。

其中，营销中心采取的内部定价法为绝对佣金定价法，佣金率为 20%。

在上述案例中，假设给营销中心的佣金率为 20%，不难算出从商品中心到营销中心的内部交易价格。也就是对外的销售额 1000 万元减去佣金 200 万元（也是净销售额，即 1000 万元乘以 20%），即 800 万元。

然后，商品中心的边界利润为销售额 800 万元减去变动费用 582 万元（即商品成本 560 万元 + 其他变动费用 22 万元），为 218 万元。其经营利润为边界利润 218 万元减去固定费用 137 万元（即人工费 + 设备费 + 其他固定费用 + 总部费用分摊），为 81 万元。

相应地，商品中心的“人·月劳动生产力”则为边界利润除以投入人员数量，即 218 万元除以 98 人，约为 2.22。

而同样，对于营销中心来说，其边界利润则是净销售额 200 万元减去变动费用 88 万元，为 112 万元。其净利润则为边界利润 112 万元减去固定费用 71 万元，为 41 万元。相应地，商品中心的“人·月劳动生产力”则为 112 万元除以 49 人，约为 2.29。

最后，对于整个企业来说，其净利润是两个事业部相加，为 122 万元。其“人·月劳动生产力”则为 330 万元除以 147 人，约为 2.24。

上述案例中仅仅只涉及企业的两个部门和一种产品，如果各阿米巴单元的报表足够清晰，即使多个部门也能非常快速地计算出所需数值来。但是，在这个过程中，我们发现其中有一个数值是影响定价的关键，就是营销中心 20% 的佣金比例，这也是内部定价的难点和痛点。如何确定出这个合理的数值？

【小巴提示】

阿米巴经营模式下的内部定价，最关键在于制订游戏规则，而非追求绝对的精准。

不难发现，当我们将案例中的企业从整个公司、营销中心、商品中心做横向对比之后，有一项数值几乎都一样，这就是“人·月劳动生产力”。此时，对于企业经营者来说，内部定价到底定什么价格比较合理这一问题也就自然而然地有了明确的答案。

因为对于企业来说，不管是哪个部门，企业整体的经营利润结果都是所有部门共同完成的，所以也就意味着，公司想要达到2.24这一“人·月劳动生产力”数值，不管是营销中心还是商品中心都要达到，才能确保整个企业达到2.24，因此，整个企业的“人·月劳动生产力”实际上就代表每个阿米巴单元的“人·月劳动生产力”。在此基础上，通过公式倒推就能将其推算出来，但在这之前，让我们先来了解一下相应的公式。

边界利润 = 净收入 − 变动费用

净利润 = 边界利润 − 固定费用

人·月劳动生产力 = 边界利润 ÷ 投入人数

如上述公式所示，当“人·月劳动生产力”确定时，要计算出净收入只需要两步，一是算出边界利润，即“人·月劳动生产力”乘以投入人数；二是将边界利润代入公式，由于变动费用在企业做预算的过程中能够按照以往数据统计进行预估和测算，所以净收入就自然而然地得出来了。

以上述案例为例，首先由预算确定其商品中心的变动费用为582万元，然后用“人·月劳动生产力”的2.24乘以投入人数98人，得出其边界利润约为220万元，因此，商品中心的净收入即为802万元（约800万元）。

然后，根据企业整体营收目标1000万元，也就意味着营销中心每售出100元，在内部交易中就要将其中80元给商品中心，营销中心自己留下20元，那么营销中心的佣金率换算成比率就是20%。

然而，企业实际经营过程并不是如此简单，但我们可以借鉴其思路和逻辑，在设定内部定价的标准时，对于最终的“人·月劳动生产力”这个数值，我们首先假设其在企业内部是相等的。相应地，我们也可以采用其他相关的假设前提（如图 3–14 所示）。

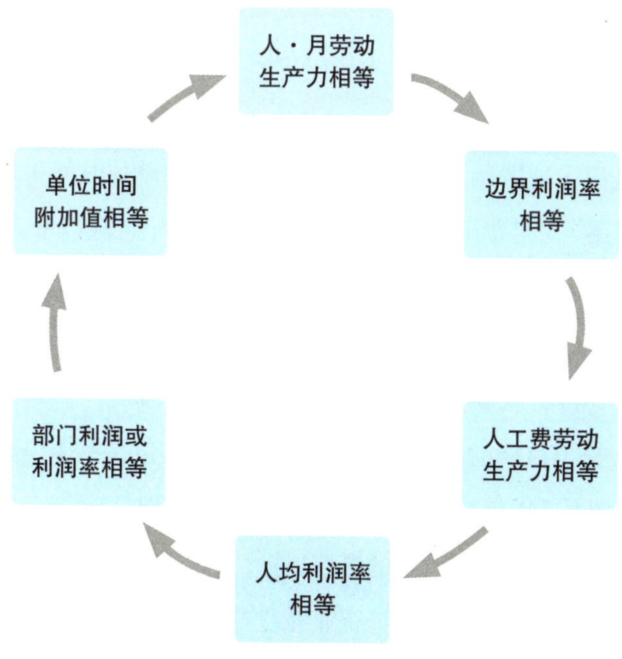

图 3–14　阿米巴经营模式下内部定价六大假设前提

对此，不少企业经营者经常会提出这样的问题：我们公司到底应该采用哪种假设前提呢？

其实，要回答这个问题，关键就在于企业的战略目标，用更简单的话来说，就是看公司当年要追求什么。例如，如果追求人均产出，那就采用“人·月劳动生产力”相等；如果追求边界利润，那就采用边界利润率相等。不难看出，在实际操作中，企业最终采取哪种假设前提，关键就在于企业将经营的核心重点放在哪里。在以往的实践中，最常用的是假设单位时间附加值相等。

因为在整个阿米巴经营模式中，单位时间附加值这个指标是最高级的指标，它是一个贯穿企业上中下的指标，也是能够打破“部门墙”的指标，更是一个真正的效益指标。那么，采用单位时间附加值相等的方式，具体应该怎样来定价呢？

同样还是以上述案例为例，首先代入公式，其单位时间附加值等于净收入减去变动费用、固定费用，即净利润除以投入人数，再除以每天的工作时长，再乘以当月工作日天数。

由于整个企业的净利润为 122 万元，那么，就有了 122 万元除以 147 人，再除以 8 小时，再除以 20 天，最后得到 51.87 元 / 小时。

也有人会提出这样的疑问：这一单位时间附加值是整个公司层面的单位时间附加值，是更适用于对企业经营者的考核指标。但是我们可以再思考一下，如果对于这一适用于企业经营者的考核指标，企业的每一个部门都没有落实下去、每一个员工都没有依此执行，企业经营者的指标又如何达成呢？企业的经营目标又如何达成？因此，我们认为它是一个真正贯穿上下的指标。

当单位时间附加值确定了之后，同样可以通过倒推的方式推算出净收入，然后结合公式，推算出内部定价标准。而在实际操作中，由于很多企业中的产品数量和部门构成比起案例中的企业都复杂得多，因而要精确推算出每一个产品的定价标准就相对烦琐，这时候就可以采用“产品族”这一概念，即将相同加工工艺难度的、相似规格的、工艺接近的产品归为一个族群。

企业经营者和管理者还要谨记的一点是：阿米巴内部定价本没有好坏之分，其本质就是确定内部的游戏规则，通过这一游戏规则找到各个阿米巴单元的经营量化标准、价值贡献的依据、衡量进步的空间。

（附：和效咨询阿米巴内部交易定价模型[①]，如图 3–15 所示）

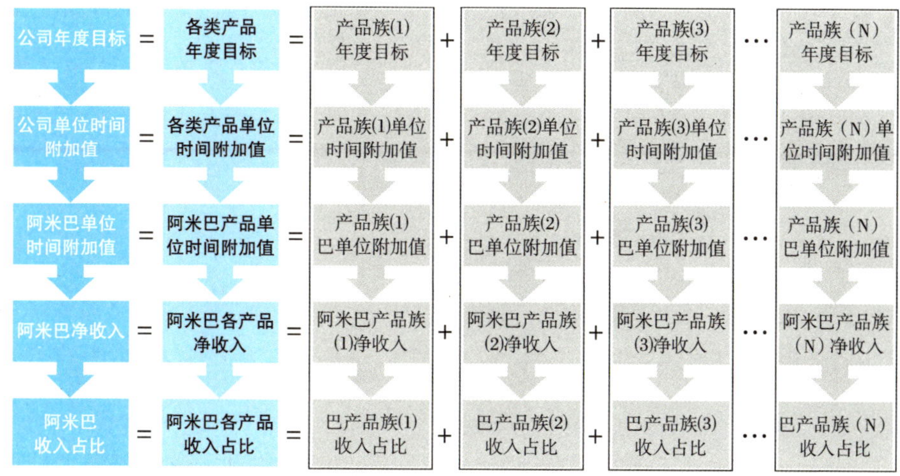

图 3–15　和效咨询阿米巴内部交易定价模型

① 和效咨询阿米巴内部交易定价模型为和效知识产权产品。

Amoeba
Auto-Operation

| 第四章 | CHAPTER 4

走出绩效误区，阿米巴考核可以“上下同欲”

传统绩效管理模式的误区

思考

为何您的公司运用了很多的绩效管理办法如KPI、OKR、360、KSF等，每个月的员工考核结果很好，部门考核结果也很好，公司也为此付出了不少的奖金，但唯独公司想要的业绩却不好？

提到阿米巴经营模式，总有不少企业经营者津津乐道地将其与传统绩效管理模式作比较，这是无可厚非的事情。在一边比较一边讨论的同时，我们总会发现这样一些问题。

在传统绩效管理模式中，尽管企业每年、每月也制订目标，甚至每周都制订目标，公司也运用了很多当下“流行”的绩效管理办法，比如KPI、OKR、360、KSF等，但总会出现以下现象：

· 每个月的员工考核结果很好，部门考核结果很好，公司业绩却很糟糕；

· 生产、销售等一线部门拼命努力工作，最后的考核结果只有七八十分，甚至有的只有三四十分，而二线部门轻轻松松得满分，导致“怨声载道”！

……

尽管企业经营者和管理者也绞尽脑汁，甚至通过复盘来检查每一个环节，却始终无法找出上述问题的症结所在。其实，一个关键的原因就在于，企业经营者和管理者在进行目标管理之前对一个关键的问题缺乏充分的思考。这就是：企业在目标制订与分解的过程中是否真正把公司目标、部门目标、员工目标做到“上下贯穿”，是否真正将公司目标转化成每个部门共同的追求与目标？

我们先来看看下面这个案例。

●案例1

一家生产制造型企业在年终总结的时候，也开始筹备下一年的年度目标和战略规划。

经过各部门充分讨论之后，确定整个公司明年的增长率为30%。由于生产车间左右着公司产品初加工和半成品加工，对后续工序影响重大，所以，在遵循少数服从多数的情况下，最终确定针对普通车床生产加工车间的目标下一年的增长率为50%。这也就意味着，车床生产加工车间在当年5000万元的基础上，次年要完成7500万元的业绩。

在目标制订大会上，该生产车间负责人就明确表示，按照目前生产车间的人员、设备和厂房等资源的配置，要实现这一目标难度很大。于是，在几番商议之后，老板为了扩大产能，决定在现有的车间人员、设备和厂房基础上再增加30%的配置。随后，精加工车间、营销部门、仓储等部门都纷纷申请对现有配置进行扩容。

在第二年年终目标总结的时候，公司上下都十分欢欣鼓舞，因为当年在所有人的努力下最终实现了50%的增长。然而，公司老板却是唯一高兴不起来的人，因为当年的财务报表显示，公司在上一年盈利的基础上不但没有实现利润增长，反而出现了亏损。

在案例中，这家生产制造型企业是比较典型的采用传统绩效管理模式的企业。其经营者最后面临这样有苦难言的局面正如前文在中国民营企业经营“六大殇”中所提到的：部门考核结果很好，员工考核结果也很好，唯独公司没有利润！

尽管从表面上，公司也召开了目标动员大会，将所有部门负责人聚在一起讨论并制订目标。然而，从其目标制订和考核上不难发现，其中至少有三个因素决定了其经营者最后只能面对企业亏损的局面。

首先，其绩效考核方式采用了传统绩效管理模式下最常用的总量考核方式——30% 的增长。

仔细思考一下，企业营业额 30% 的增长这一考核指标的设定，是真的能够反映出企业的效益，还是只是一个单纯的数字游戏？

其实，答案很明显，这也是为什么当各部门负责人在针对各自部门目标设定的时候，首先想到达成目标的措施是对人员、设备、厂房进行扩编扩容。因为在目标设定和分解过程中，人们首先关注的是如何实现“企业营业额 30% 的增长”。但是，这一目标实现了就能真正实现企业经营利润增长的目标吗？

其次，在部门目标达成上，各部门负责人选择了扩编扩容、加大资源投入的简单粗暴方式，而并没有考虑部门之间如何协作、配合。

企业内部各部门之间实现各自目标的方法与普通车床生产车间一样，扩编扩容。不难预见，它们在后续的工作开展中会更多地通过各自寻找资源的方式达成目标，在部门之间的协作和配合上也必然相对薄弱。这也在无形中让各部门之间原本就已经存在的“部门墙”，变得更加牢不可破。而众所周知的是，企业的经营利润是由企业中的所有人共同完成的，而不是某一个部门努力和拼搏的结果。

【小巴提示】

企业的经营利润是由企业中的所有人共同完成的，而不是某一个部门努力和拼搏的结果。

最后，各部门负责人在目标达成的方式和途径上并没有为员工树立榜样和标杆，更没有引导员工培养“经营意识”。

如果再进一步来看，当企业内部的部门负责人在目标的达成上都采用扩编扩容、加大资源投入的方式来解决时，那么长期处在一线的员工的行为模式又将是怎样的呢？

其实，答案也是不言而喻的，正所谓“上行下效”，如果企业内部的部门负责人在目标达成上都不能从企业经营效益的角度出发，员工们又怎么能够实现“人人都是经营者”？

不难看出，仅仅通过上述几个因素，我们就能看到这家企业最终的结局和走向。之所以出现这样的情况，原因就在于做具体的目标制订和分解时，没有将公司目标、部门目标和员工目标相结合，更没有将公司的目标转化成每个部门共同的追求与目标。并且每个部门的追求目标（产值或销量）根本就不是公司想要的目标（利润），这也是在传统的绩效管理模式下企业经营者和管理者经常陷入的误区。

● 案例 2

2017 年某服装销售型公司的年营业额估计在 7 亿元左右，共有直营门店 45 家，加盟门店 67 家。该公司在进行阿米巴经营模式之前采取传统的绩效管理模式，对各个部门都设定了相关的KPI指标，其中门店以销售目标完成率、动销率等关键指标为主；对二线的人力资源、财务等部门的KPI指标也有设定，比如招聘目标达成率、培训计划完成率、企业文化执行率等；财务部的KPI指标设定包括报表的准确率、报表及时率等。在奖金设置过程中，除了门店销售有销售提成以外，各岗位都设置了绩效奖金，绩效奖金是根据各岗位层次，从工资里抽出50%、40%、30%、20%不等作为月度绩效奖金，根据每个月的KPI考核结果好坏决定月度绩效奖金的高低。

在访谈的时候，其中某一线的员工就对此有很大的抱怨，认为公司目前的绩效管理模式存在极大的“不公平”。究其原因发现，在这样的模式下，每个月的考核结果经常出现这样的现象：二线部门很轻松就能拿到高分，甚至是超100分，所以每月绩效奖金都拿得不错；但一线部门因为每年公司目标都在增长，所以每个月的考核结果基本上都完不成，导致KPI每月的考核结果很差，经常出现只有六七十分，更有甚者只有三五十分，所以每个月的绩效奖金基本上都是在“扣”钱。

这样一来，公司的绩效考核模式导致一线部门抱怨升级，同时也造成另外一种现象，人力资源部门在每个月考核的时候非常难堪，不敢体现真实的业绩状况，但是为了能够体现绩效考核模式的“威严”又不得不体现。所以，后来慢慢调整制度，最后处罚变成了“象征性”的。此时，绩效管理彻底成了一种“形式”。

其实我们身边有太多企业有这样的现象。为何会出现以上案例中的现象，值得我们所有经营者深思。是指标设计不合理吗？显然不是，关键问题在于企业没有搞明白一个问题：二线部门、一线部门的定位及差异在哪儿？一线部门是能够直接为公司创造价值的作战部门，二线部门是为了一线更好地创造业绩无条件为一线提供支持的部门。但在传统管理模式下，很多企业没有去思考如何让一线、二线部门进行有效的配合，且习惯性地把这两类部门放在“统一平台”上进行考评、比较，自然就会出现这样的情况。

传统管理模式的定势思维

思考

为什么在传统管理模式下，企业的管理很难到位，到底是哪些传统的思维造成了阻碍?

正如上一节中的那家生产制造型企业一样，很多中国企业在传统绩效管理模式下的目标制订与分解并没有很好地关注企业、部门、员工三者目标之间的关系。

对于企业经营者来说，比这一误区本身更应该值得我们注意的是误区背后的思维模式，以及其所导致的实际行动和动作。我们先来看看下面这个案例。

● 案例

一家 IT 电子制造企业年初在制订年度战略目标的时候，老板根据公司近几年的数据，决定将当年公司营收增长的目标定为 40%。

这一目标公布之后，各部门负责人除了申请部门新增人员、设备等资源之外，也开始纷纷计划各个季度的排班和加班安排。

一段时间下来，公司出现了一个奇怪的现象：以往合作较为密切的市场部与营销部竟然在一段时间内出现了互不来往的局面，甚至在一两个较大的项目上还因为协作不配合导致项目预期成果大打折扣。

后来公司老板经过了解发现，原来因为当年设定的目标较高，加之短期之内新员工招聘到岗较少，各部门所承担的项目任务十分紧迫。两个部门之间为了各自部门目标的达成彻底摒弃了以往的协作，不仅如此，在一些关键项目上还出现了相互竞争的局面，导致两个部门的员工之间关系也较为紧张。

其实，案例中这家企业所遇到的情况在不少企业的实际经营中同样存在，尤其是近年来在企业之间竞争加剧、企业用工成本上涨、新生代员工步入职场等因素的影响下，企业的经营与发展依靠简单粗暴的扩张方式，成效已经不如以往。因此，如何提高企业的管理效率就成了企业经营者绕不开的话题。

正如案例中的企业一样，表面上看，是不同部门之间协作和配合不当导致项目的失利。但仔细思考，对部门合作起着重要作用的人其实就是各部门的负责人；如果再进一步思考，导致不同部门负责人采取这种行动的原因表面上看是为了达成部门目标，根本上却是其对企业经营利润目标的不关注。那么，造成这现状的原因到底是什么呢？答案其实很简单，正是该企业老板所设定的年度目标——营收增长 40% 造成的。

传统管理模式影响的不仅是企业整体目标的分解与达成，更重要的是在这之后的一整套思维体系，以及由此导致的一连串行为。具体可以从企业经营者、管理者和员工三个方面来说（如图 4-1 所示）。

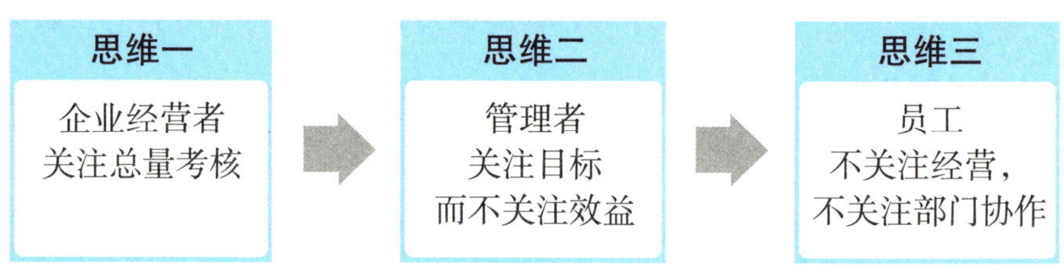

图 4-1　传统管理模式下企业经营者、管理者、员工之间的思维传导

首先，企业经营者应该关注企业经营利润，但在绩效管理上却因为关注企业整体增长而容易忽略企业实际经营效益。

例如，案例中企业老板设定了“企业营收增长 40%”的目标，因为企业经营者始终是关注经营利润的，所以，对于老板来说，即便目标里面并没有体现效益，但作为目标的最初制订者和最后验收者，他同样会关注企业的经营利润指标。

但是换个角度看，对于管理层来说，至少这样的目标设定无法让他们看到老板对于经营利润的实际期待。因此，在实际操作中，部门管理者往往会将关注的焦点转移到部门目标的达成上。然而关键的问题是，企业经营者制订的目标即使是明确关于企业经营利润的目标，但在传统模式下管理者也很难据此制订部门的经营利润目标，也就是我们常说的效益指标。

这样一来，作为企业经营者和员工之间的桥梁，管理者也无法让员工真正理解老板的战略和意图。最后我们就看到了这样一个常见的场景：企业经营者、管理者、员工对自己的目标都很清晰，也很投入，但在年终考核时企业的经营利润目标却无法达成。

因为自始至终，企业战略目标、年度目标、部门目标和员工目标都是各自独立的，尽管它们也有交集的地方，但离目标统一还有不小的距离。因此对年度目标、部门目标、员工目标的考核自然就不能对战略目标的达成提供支持。

【小巴提示】

企业经营者、管理者和员工都需要重新将自己关注的焦点回归到企业经营的本质——经营利润上来。

再次，企业管理者虽然知道企业经营利润的重要性，但在绩效管理上却因为关注部门目标的达成而忽略了部门效益的产生。

通常情况下，当年度目标确定下来之后，因为没有关于效益指标的要求，管理者尤其是部门负责人更多的是关注部门考核目标的达成与否。所以我们就能看到，申请招人的招人、想增加设备的增加设备、申请资源的申请资源……

关键问题是，不管是人员还是设备的增加，一旦面临效益不好或外部市场波动，就很有可能发生资源闲置，就意味着企业成本的增加和经营利润的下降。

除此之外，在传统管理模式下，由于传统的总量考核方式对其平衡控制的要素相对较少，企业管理者如果要将部门营收做大，除了常规的加人、加设备之外就是最常见的“加班”。但是，加班意味着员工工时的增加，而结合阿米巴经营会计报表、人·月劳动生产力、单位时间附加值等方法和工具来看，加班就可能意味着单位时间附加值降低，加人就可能意味着人·月劳动生产力降低。

最后，员工只知道达成个人工作目标，不知道企业经营利润的重要性，更不知道如何将企业经营目标的达成与个人工作目标结合起来。

以生产制造型企业为例，在传统管理模式下我们经常可以看到这样的现象：由于两条生产线之间每个月的订单有可能不同，有时会出现一条生产线很忙而另一条生产线很闲的情况。这时候，比较忙的生产线负责人就会主动协商，让相对较闲的生产线帮忙。但问题是，由于各部门之间在目标上相互独立、没有关联，相对较闲的生产线负责人或员工就会对较忙的生产线负责人的请求置之不理，最后可能是在公司的强行要求之下才勉强为之。

在这一过程中，上至部门负责人下至员工都将个人关注点聚焦在部门目标和个人目标上，跨部门的协作也逐渐被搁置，企业内部的“部门墙”也随之形成，长此以往更是严重影响到企业的经营效益。

总的来说，在传统管理模式下，对于企业经营者来说，真正阻碍企业经营“上下同欲”的并不在于那些我们经常看到的表象，而在于其背后逐渐形成的一整套定势思维，以及由这些思维所引起的一系列行为。

而要破除这些思维的影响，企业经营者、管理者和员工都需要重新将自己关注的焦点回归到企业经营的本质——经营利润上来。

阿米巴模式下的绩效考核原来这么简单

思考

阿米巴经营模式下的绩效管理与传统绩效管理的区别究竟是什么呢?

前文中已谈到，与传统绩效管理模式不同，阿米巴经营模式通过组织划分、独立核算和内部交易的确立，让传统绩效管理模式下的各自考核、不同部门之间相对独立的目标达成局面都得以改善。

但是在以往的企业辅导中，不少企业经营者会提出这样的疑问：这些一直困扰企业经营的问题采用阿米巴经营模式真的就能改善吗?

在回答这个问题之前，我们先回到第三章内部定价中的商贸企业案例中，通过单位时间附加值计算公式，我们得出该商贸公司的单位时间附加值约为 51.87 元 / 小时。现在，假设这家公司的老板与商品中心负责人沟通，当年按照 51.87 元 / 小时的单位时间附加值进行内部考核。那么接下来，商品中心的负责人应该做什么呢?

单位时间附加值 =（净收入 − 变动费用 − 固定费用）÷（投入人数 × 工

时 × 当月工作天数）

正如上一节所述，在传统绩效管理模式下，企业管理者若想实现总收入很有可能向企业老板提出加人、加设备甚至加厂房的要求，而这个动作可能会导致企业资源的闲置和浪费，在无形中增加企业的经营成本，降低企业的经营利润。

然而在阿米巴经营模式下，情况则大不相同。结合单位时间附加值的计算公式，我们会发现，如果商品中心负责人在目标分解下来后就向老板申请扩编扩容，那么相应地，公式里的变动费用、固定费用两项都有可能增加，也就意味着公式中的分子将变小；同时，公式中的投入人数、工时两项会增加，也就意味着公式中的分母会变大。因此，最终的结果就是，商品中心的单位时间附加值会低于 51.87 元 / 小时。

试想一下，如果你是这位商品中心负责人，要达成 51.87 元 / 小时这一单位时间附加值目标，你会怎么做?

答案不言而喻。首先，你会想方设法提高净收入，尽量降低变动费用和固定费用，减少不必要的额外投入，同时，在投入人数上、工时上都会有所控制，这就意味着闲置的劳动力和低效率的加班会得到合理控制。

在这一过程中，在传统绩效管理模式下需要企业人力资源招聘部门操心的员工招聘会在业务源头部门提出需求之前就得到合理的评估，原本需要多个职能部门共同来平衡的各项费用在阿米巴单元内部就能得到有效地平衡。

以上只是商品中心负责人需要思考的问题。和商品中心一样，营销中心、企划中心、研发中心等阿米巴单元的负责人要完成其相应的目标，其思路和具体的行为模式与商品中心负责人在实现平衡的三个要素的做法上也是相同的，即把净收入提高，相关费用缩小，在投入人数和加班安排上合理控制。

在这样的“考核”模式下，各部门的思维、行为无形当中都趋同了。

之所以会产生这样的结果，企业经营者应该看到的是单位时间附加值这一指标的本质。在这个指标中，最终的目标并不是让企业为了绩效考核而考核，而是在目标实现的过程中就让参与其中的管理者、员工等转换思维，使其从关注效益的视角去检视自我目标的达成，真正从根本上开源节流。

因为在阿米巴经营模式下，要提升单位时间附加值这一指标，对应公式来看，只有将分子变大，分母变小。而要实现这一目标，无论是对于企业经营者、管理者还是员工来说都只需要考虑这两个因素。结合公式就落实到了具体的方向上：一是把分子变大，需要从多接订单、增加产能、减少费用等方面下功夫；二是将分母变小，要从缩短工时、提高效率、控制人员数量等方面入手。

同样，对于另外一个指标——“人·月劳动生产力”，由于在公式中“投入人数”是分母，因而合理控制投入人数也能起到同样的作用。而在实际运用中到底采用哪一种定价标准，如前文所述，根据企业当前经营的核心重点来定。

回到本节最开始的问题，不难看出，在阿米巴经营模式下，原本在传统管理模式下困扰不少企业经营者的绩效管理与考核因为阿米巴模式下指标设定的巧妙性，而真正成为一个效益指标，也让企业的绩效考核在流程简化的前提下真正让企业中人人都成为经营者，让即便看不懂复杂报表的每一个人都能够快速理解并应用阿米巴经营模式的相应指标，让企业的绩效考核不再复杂高深。

【小巴提示】

阿米巴模式下指标设定的巧妙性让绩效管理真正成为一个效益指标，也让企业的绩效考核在流程简化的前提下真正让企业中人都成为经营者。

阿米巴模式下的考核如何做到“上下同欲”？

思考

阿米巴经营模式下的绩效考核如何激发员工的激情，让企业做到“上下同欲”？

相较于传统绩效管理模式，阿米巴经营模式下的目标制订和分解能够很好地将企业战略目标、年度目标、部门目标、员工目标相结合起来，所以能够避免企业陷入传统绩效管理模式的误区。

但是，在企业辅导的过程中，不少企业经营者都曾提出这样的问题：阿米巴经营模式下的绩效考核真的能够实现“上下同欲”吗？对于这个问题，我们同样可以阿米巴经营模式中的“单位时间附加值”这一指标为例来进行说明（如图 4–2 所示）。

一、最终的效益指标

就单位时间附加值而言，从其定义和计算公式上来看，用企业的经营利润来核算每一个员工、每小时的指标，其本质就是一个效益指标，也是最终的财务指标和赚钱速率指标。相对于传统管理模式中的总量考核，单位时间附加值能够让企业经营者、管理者和员工考虑资源投入的合理性。

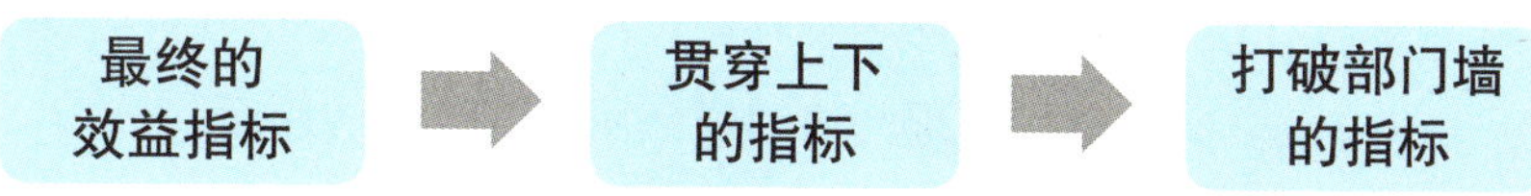

图 4-2 单位时间附加值指标对绩效考核的三大作用

二、贯穿企业上下的目标

对于企业来说，传统的绩效管理模式里绩效考核之所以难做，很大程度上与其考核标准的设定有着密切联系，企业经营者和管理者经常会因为如何设定一个适用的标准而苦恼。

而单位时间附加值这一指标很好地借助了对企业中所有员工都相同的资源——时间，而这也是容易被我们日常所忽视的资源。采用时间作为共同的指标，就意味着对于所有员工来说有了客观考核的标准。

试想一下，如果公司的单位时间附加值指标为 90 元 / 小时。那么，要确保这一指标达成，各个阿米巴单元的单位时间附加值指标至少等于这一指标才有可能达成。

此外，从实现这一指标的方式上看，要提高单位时间附加值，无论企业经营者、管理者还是员工，其采用的思路都一样：让分子变大，让分母变小。

因此，在阿米巴经营模式下，通过单位时间附加值指标能真正让企业经营者、管理者和员工在考核标准上保持一致，在思维和行为上也保持同频，从而达到使用同一目标贯穿企业上下的作用。

三、打破“部门墙”，实现部门协同配合的指标

单位时间附加值这一指标在贯穿企业上下的同时，也能在无形中打破传统绩效管理模式下的企业“部门墙”，让不同部门之间由各自为政逐渐转变

成团结合作，扭转传统绩效管理模式中部门与部门之间横向协同配合难的局面。

> 【小巴提示】
>
> 在阿米巴经营模式下，单位时间附加值指标能真正让企业经营者、管理者和员工在考核标准上保持一致，在思维和行为上也保持同频，从而达到使用同一目标贯穿企业上下的作用。

试想一下，同样是提升净收入，传统绩效管理模式下通常是加人、加设备，而阿米巴经营模式下，阿米巴单元的负责人会考虑该不该加人，因为加人意味着分母变大，如果净收入不提升，就意味单位时间附加值会降低，即指标无法达成。此时，阿米巴单元负责人不仅要考虑加人之后分母变大，还要考虑后续的工作量是否饱和的情况，因为后续工作量一旦不饱和，就意味着人力资源闲置、成本增加，单位时间下降。

但是，在企业经营过程中，并不是每一个部门随时随地都是工作量饱和的状态。那么，对于工作量饱和的阿米巴单元来说，工作量不饱和的阿米巴单元就是补充其人员短缺的一个方便、快捷且成本极低的渠道。尤其是对于生产制造型企业来说，因为其产品加工生产的工艺都能通过流程化操作形成标准化作业。

遵循这一思路，我们再来看接受支援请求的阿米巴单元，阿米巴经营模式下的内部交易将不同阿米巴单元之间紧密联系起来。对于工作量不饱和的阿米巴单元负责人来说，其工作量不饱和就意味着人员和设备等相关资源的闲置，也意味着其单位时间附加值降低。

这时候，其负责人只有两个选择：一是想方设法降低该阿米巴单元的费用和不必要的浪费；二是要么减少加班，要么裁员。但这时候他又需要思考，裁员会出现后续工作量饱和甚至超负荷的情况。所以，作为一个优秀的巴长，他必须思考如何降低工时投入，如何把“闲置”时间减少，因此，主动把这些“多余的人力”借给生产任务重的经营单元，无形当中就打破了传统的“部门墙”，由“各自为政”变为“团结合作”。

综合以上所述，我们可以看出，阿米巴经营模式下的单位时间附加值考核的确能够真正让企业做到“上下同欲”、打破“部门墙”，单位时间附加值是所有企业都应该重视的一个指标。

Amoeba
Auto-Operation

| 第五章 | CHAPTER 5

巴长：阿米巴经营模式落地的真正秘籍

巴长的四大定位与六大核心能力

思考

在阿米巴经营模式下，巴长扮演了哪些角色？

不少企业经营者和管理者由于看到了阿米巴经营模式的价值和益处，因此毅然决然地将阿米巴经营模式引入企业。但在导入的过程中他们却没有清晰地意识到，对于企业来说，阿米巴经营模式导入的本质是一场管理的变革。

众所周知，任何变革都不是一蹴而就、一劳永逸的，但不少企业经营者和管理者却往往忽略了这一点。

企业经营者和管理者应该重视的是，如果缺乏人的能力支撑，任何模式都是空中楼阁。其实，世界上本没有秘籍，真正的秘籍就是人。所以，阿米巴经营模式再好，企业也应回到原点，针对各个阿米巴单元的负责人——巴长来打造各个层级巴长的经营能力，这才是阿米巴落地的核心秘籍。

一、巴长＝经营者

阿米巴单元的巴长必须能够了解阿米巴经营管理的基本要求，能够提出阿米巴的经营策略，提高分析问题和解决问题的能力，改善阿米巴的经营收益，努力实现阿米巴的经营目标（营收＋利润）。

二、巴长 = 指导者

巴长必须善于运用激励手段激发员工的积极性和工作热情，并且能够给下属员工进行必要的工作指导。巴长需要掌握阿米巴内部定价的原则，能够看懂、分析阿米巴经营会计报表，学会分析阿米巴的效益点、止损点等，带领阿米巴员工不断开源节流，创造高收益。

三、巴长 = 先驱者

阿米巴单元的巴长必须能够身先士卒、以身作则。阿米巴组织成员看到巴长为了本部门利益而全力以赴，付出成倍于他人的努力，自然也会为本阿米巴组织的生存和发展而努力工作。

四、巴长 = 领导者

阿米巴巴长还要知人善任，相信下属员工未来的成长空间，懂得从内部提拔真正有用之人。阿米巴巴长不再仅仅是一个经理，而且还是一个经营者，他们要会利用经营会计报表，及时、清楚地了解本单位的工作进展、财务情况等。

对于导入阿米巴经营模式的企业来说，巴长应该具备什么样的能力才能说是具备经营者思维呢？经过十多年的企业经营管理沉淀，我们总结发现判断一个巴长是否具备经营者意识，主要通过六大核心能力考察，即目标制订能力、管理逻辑能力、数据逻辑能力、重点逻辑能力、作战监督能力、协同作战能力（如图 5-1 所示）。

巴长的六大核心能力打造对于企业阿米巴经营模式的落地十分重要，因为实施阿米巴模式主要依赖于每一个层级巴长的经营能力提升，如果巴长的能力不够，就会在企业中形成“人为制造瓶颈”。

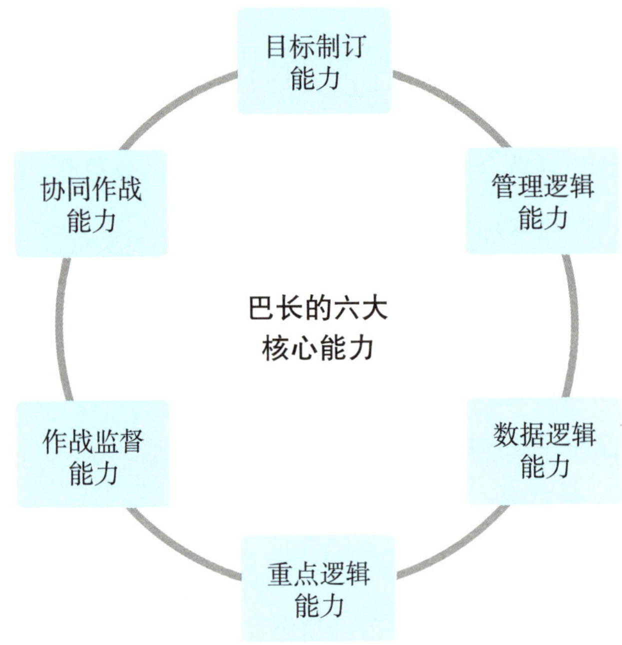

图 5-1　阿米巴经营模式下巴长的六大核心能力

接下来，我们将重点围绕打造巴长的六大核心能力来进行讲解。

巴长的目标制订能力

思考

一个合格的巴长在企业经营目标制订和分解上应该具备怎样的能力？

首先，我们必须意识到一个核心问题，任何模式最终的目的都是为了实现公司的目标，因此，阿米巴经营模式下的巴长首先必须要提升目标制订能力。在巴长的目标制订能力打造上，我们需要关注八个字：上下贯穿、左右关联！这也是目标制订能力的核心精髓所在。

这意味着在制订目标时，既要将企业战略目标、年度目标、部门目标、员工目标相互结合起来，又要确保通过目标的制订和分解来确保企业上下对目标达成统一共识，形成一条直线。这样，当每一个员工都做好自己的工作、达成工作目标，就意味着企业战略目标的顺利达成。

如图 5–2 所示，目标制订能力的打造主要包括两个部分：一是如何制订企业目标；二是如何围绕目标进行作战。

一、如何制订企业目标

目标制订能力分为两个部分：一是制订公司的目标，二是制订每个阿米巴及个人的目标。公司目标的制订代表着企业经营者领导企业发展的能力，而企业的任何目标又是靠每个阿米巴共同协作完成的。

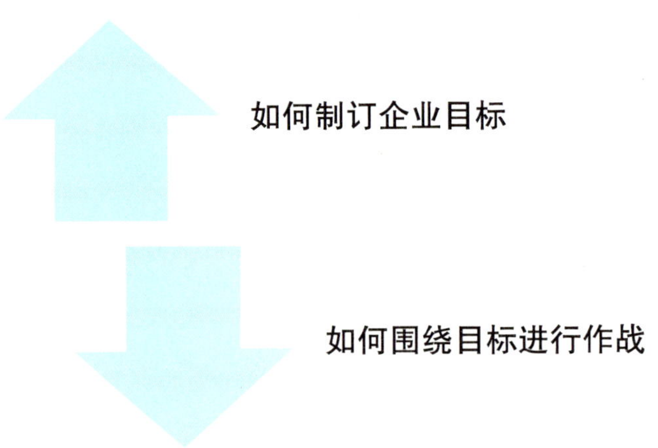

图 5-2　巴长目标制订能力打造的两个关键

每个公司都有战略目标，企业经营者在制订公司目标时要做如下思考：

- 公司的战略目标是什么?
- 公司的战略目标分几年来实现?
- 每一年度具体实现哪些目标?
- 这些目标都由哪些部门、哪些人来实施?

同时，目标的制订和分解还要结合目标制订的核心精髓“上下贯穿，左右关联”来看。不少企业之所以存在我们第一章提到的“六大殇”之一的：为何会经常出现“部门考核很好，员工考核很好，公司的业绩却不好”的现象，原因就在于传统的绩效考核方式更多关注的是过程的考核，而企业真正想要的是业绩、利润。

企业战略目标的实现需要两个目标来支持：一是经营目标，二是管理目标（如表5-1所示）。

表5-1 企业战略目标实现的两大因素

目标类别	目标项目	2018年	2019年		
			保底	合理	挑战
经营目标					
管理目标					

对于经营目标，用稻盛和夫的话来说就是“收入最大化，费用最小化，利润最大化”，用更简单的话来说，就是“赚钱”。因此，经营目标的制订通常情况下不外乎就是销售收入、利润率、利润额、成本、投资回报等因素。

但是，企业的管理目标如何来制订？在多年的辅导经验中，我发现很多企业每年也会制订管理目标，但它们都有一个共同的“毛病”——大部分企业都是把公司各个部门需要做的重点“事项”作为公司的管理目标。当然，我不能说这些不是管理目标，也并不否认这些目标也是很重要的。但是，如果我们不从管理原点思考问题，就会常常出现“我们花了很多的资金、时间和人力做了这么多所谓重要的‘事项’，到头来却感觉‘劳民伤财’，企业业绩却没有改观”的问题。那么，企业管理目标到底如何制订？这又得回到我们前面第二章所提到的：首先必须搞清楚“管理”跟“经营”的关系——“管理”必须服务“经营”，也就是说不能够支撑公司更好“赚钱”的管理都不是有效的管理。基于此逻辑不难看出，想制订好企业每年的“管理目标”，必须从两个维度出发。

第一个维度：当下影响公司经营目标做大的“核心障碍”是什么？这个“核心障碍”就是公司必须要突破的“管理目标”。

● 案例 1

2013 年，我们曾辅导过广东一家小家电企业。在当年辅导之前，这家企业改变了其营销模式，以前采用订单式经营模式（MTO），但老板觉得此模式限制了企业发展。为了把企业做大，因此通过企业内部变革改变经营模式，采取铺货销售模式，即根据预测产品的销售额提前采购、生产，然后通过销售把货品铺设到各个经销商渠道。换言之，这家企业的经营模式在无形当中从原来的订单式经营模式转变成了库存式经营模式（MTS）。

这一战略调整从表面上看无可厚非，也确实让企业在两年内业绩增长了近 40%，达到将近 5.6 亿元的营业规模。但是却发现另一个问题，虽然公司这两年的业绩在增长，公司利润率却在不断下降，以往维持在 8%~10% 的利润率降至 2% ~ 3%。

经过调查，我们发现了其下滑的原因，正是库存经营模式的改变导致的。因为在 MTS 模式下，经销商每年将卖不动的货全部退回来，每年经销商退回来的这些货物大概占比 6%。而这 6% 正是直接影响企业利润的关键，也是阻碍其更好赚钱的核心障碍点之一。

所以，我们当时帮助该企业制订的 2014 年的管理目标之一就锁定在将市场退货率下降到 1.2%，这是当年该企业必须要突破的一个管理重点。如果这个点不突破，那么企业很难实现经营利润目标。

第二个维度：匹配发展的核心关键。就是说，每家企业不仅仅要关注当下，还要关注未来。思考未来 2~3 年乃至更长的时间内，企业或行业将会面临什么样的竞争？如果现在不做储备或准备，那么未来所面临的“竞争”将会变成企业的“阻碍”，而这一“阻碍”是企业管理目标。

● 案例 2

2016 年，我们曾在云南辅导过一家电力工程监理咨询公司。当时，这家企业的规模并不大，虽然营业额不大（合同签订额约在 2600 万元），但因为很多订单都是南方电网公司指派的，企业经营得也还十分滋润。但是我们在辅导过程中发现，这种滋润的日子将好景不长。在接下来的两年内，电力监理市场将全面放开，言下之意就是充分市场化，未来所有的电力工程项目都将面向市场公开竞标。这也就意味着如果企业没有核心竞争能力，那么未来的几年将会是公司的核心瓶颈期。

这家企业当时的资质是乙级资质，只能做 110 千伏电压等级的项目。如果全面放开，不仅要跟区域市场上近 300 多家的企业展开正面交锋，关键还有很多参与竞争的企业拥有甲级资质，甲级资质不仅对 110 千伏项目有更强的竞争力，还可以承接 500 千伏电压等级的项目。电压等级越大，标的额就越大；标的额越大，企业的营收也就越大。所以，我们建议这家公司在资质上从乙级变成甲级，因为如果这一资质不变，其未来2~3年的发展将更加艰难。

2016年通过一年的努力，这家企业终于成功申请将资质从乙级变成甲级。正是通过这一改变，该企业在2017年第一季度就提前完成了2017年全年的合同签订额这一经营目标。

案例中，这家咨询企业正是因为看到了影响企业未来经营达成的核心关键，通过对甲级资质的成功申请来打造企业未来的核心竞争力，才能在2017年顺利拿下优质项目，让企业的经营发展步上新台阶。

二、如何围绕目标进行作战

以上只讲解了如何制订目标，但是不论是企业的目标还是阿米巴组织单元的目标，都不是企业老板或某个部门的目标。要想实现制订的目标，接下来还要思考如何将企业的目标变成每个阿米巴的目标（如图5-3所示），也就是真正做到“上下贯穿”。“上下贯穿”说起来很简单，但是真正做到“上下贯穿”的企业或咨询公司少之又少。

图5-3　巴长进行阿米巴目标逻辑梳理的两个步骤

1. 将企业目标转化成阿米巴目标

在传统的管理模式中，会利用BSC工具基于企业经营目标衍生出各部门、各岗位要做好的一些关键过程指标（KPI）。不可否认，这些关键的业绩指标会对公司经营目标有帮助，但是从我们多年的管理顾问经验角度来看，这还远远不够。这些所谓的关键业绩指标不过是过程量化指标。这样的指标有很多影响因素，比如：目标值设定、权重的设定、考核标准的设定等，都会直接影响公司的经营目标。所以，很多企业在制订这些KPI的时候，员工都一下子变得很“聪明”，整天跟领导博弈：目标值能低就绝对不高，权重能少就绝对不多，考核扣分标准能少就少……标准设定到最后就变成了一种“游戏”。那么，如何做才能把公司目标转变成各阿米巴的目标，同时又能毫无争议、真正做到“上下贯穿”，直接支撑公司经营目标达成？

要想做到从公司经营目标到各阿米巴目标真正“上下贯穿”，必须具备三个条件：

· 建立各巴内部交易定价规则；
· 建立各巴经营会计报表；
· 建立各巴各项成本、费用的预算标准及分摊规则。

基于以上三个条件，公司目标与阿米巴目标将形成如图5–4所示的分解示意图[①]，这样一来，无形中把公司的经营目标直接变成了各巴的经营目标。

对应公司的保底、合理、挑战的目标就分别变成各阿米巴单元保底、合理、挑战的应收目标、利润目标、单位时间附加值目标、人·月劳动生产力目标等。阿米巴这些目标的达成就直接支撑了公司经营目标的达成，真正实现了“上

① 该示意图为和效知识产权产品。

下贯穿”。

2. 将阿米巴目标转化成个人岗位目标

既然企业目标和阿米巴目标确定了，那么，对于每一个阿米巴单元的每一个成员来说，如何把阿米巴目标变成每个岗位的目标就是企业目标达成与否的关键。为了实现各阿米巴的经营收入目标、人·月劳动生产力目标、经营利润目标或者单位时间附加值目标等，各巴长就必须考虑如何在各种费用、人效、成本、合格率等上做文章，并且把这些直接影响阿米巴经营目标达成的核心关键变成各岗位的核心 KPI 或者 OKR（本章节不对如何制订岗位的 KPI 或 OKR 进行详述）。

巴长需要明确的是，不管是 KPI 还是 OKR 的制订，其关键在于将原本更大规模的“战役”分解成一个个更小的“战役”，其实质就是将阿米巴目标分解到个人，但分解最重要的前提是要有企业目标和阿米巴目标。

总的来说，在阿米巴经营模式下，对巴长目标制订能力的打造可以有效地帮助企业走出民营企业经营的“第一殇”——企业中只有老板关注利润，员工对利润漠不关心。

阿米巴经营模式让员工经营意识从原来的被动变成主动，从原来的不管不问到现在主动思考如何实现公司目标、如何提升收入、如何降低费用等经营问题。通过从企业目标到阿米巴目标的确定再到员工个人岗位目标的确定，真正让员工与企业经营者、管理者在目标上达成一致，主动围绕企业经营利润来开展工作和达成目标。

保底	合理	挑战
10 亿元	12 亿元	13 亿元

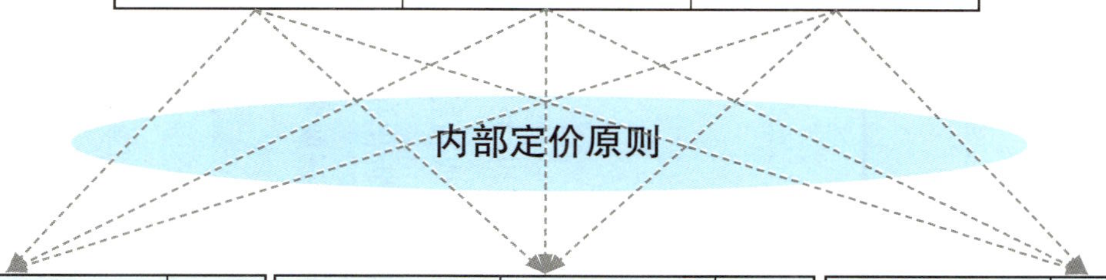

内部定价原则

项目		金额（元）	比率（%）
销售额		58，427，631.92	1
变动费用	原材料费	20，449，671.17	0.35
	配件费	2，629，243.44	0.045
	水电费	4，674，210.55	0.08
	…	…	…
	物流运输费	34，256.23	0.0006
	小计	27，787，381.39	0.4756
边界利润		30，630，250.53	0.5244
固定费用	房租	306，460	
	设备折旧费	570，312	
	工资	1，804，325.15	
	…	…	
	小计	2，681，097.15	
经营利润		27，959，153.3	0.4785

项目		金额（元）	比率（%）
销售额		58，427，631.92	1
变动费用	原材料费	20，449，671.17	0.35
	配件费	2，629，243.44	0.045
	水电费	4，674，210.55	0.08
	…	…	…
	物流运输费	34，256.23	0.0006
	小计	27，787，381.39	0.4756
边界利润		30，630，250.53	0.5244
固定费用	房租	306，460	
	设备折旧费	570，312	
	工资	1，804，325.15	
	…	…	
	小计	2，681，097.15	
经营利润		27，959，153.3	0.4785

项目		金额（元）	比率（%）
销售额		58，427，631.92	1
变动费用	原材料费	20，449，671.17	0.35
	配件费	2，629，243.44	0.045
	水电费	4，674，210.55	0.08
	…	…	…
	物流运输费	34，256.23	0.0006
	小计	27，787，381.39	0.4756
边界利润		30，630，250.53	0.5244
固定费用	房租	306，460	
	设备折旧费	570，312	
	工资	1，804，325.15	
	…	…	
	小计	2，681，097.15	
经营利润		27，959，153.3	0.4785

注：详情操作细节会在和效咨询《阿米巴自运营》课程现场或入企辅导环节操作。

图 5–4　企业阿米巴目标实现“上下贯穿”示意图

巴长的管理逻辑能力

思考

在企业目标体系确定之后，围绕目标实施巴长是否有清晰的目标路径?

在传统的管理模式中，很多企业经营者和管理者在公司目标体系确定之后会出现这样一个现象：不管是在目标的制订上还是在达成目标的具体方法和措施上，领导者常常在提出业绩增长比例之后就让员工提出执行方案，然后员工就绞尽脑汁地列出各种各样的方法和措施，而到真正要实施的时候却发现可用的方案少之又少。

而在阿米巴经营模式下，目标制订分解之后，巴长需要围绕目标的实现制订清晰的实施策略。正所谓“目标背后是激励，目标背后是策略”，巴长作为阿米巴单元的负责人，需要明确在企业的目标达成和实现中自己如何做，做不到这一点，即使阿米巴经营模式再好也无济于事。

因此，企业对于巴长的第二个核心能力——管理逻辑能力的打造就尤为重要，我们先来看看下面这个案例。

● 案例1

一家终端销售型企业在制订自营门店年度目标计划的时候做了以下几步。

首先，在年度营收目标上，决定当年门店销售要达到100万元的营收目标。对于这个目标，尽管各门店负责人觉得有一定难度，但根据上一年的门店业绩来看也是可以实现的。

接下来，老板让各门店负责人梳理如何达成目标。原本比较安静的现场一下子沸腾起来，A门店店长认为主要从员工管理、销售技能等方面进行提升；B门店店长则从产品、流程上提出自己的想法；C门店店长则主要从薪酬机制入手……

但最后决定主要从哪些途径入手时，大家又陷入议论纷纷之中。

对于案例中这些店长们的建议，我们不能否认其做法对企业目标或阿米巴组织单元自身目标的实现的支撑和促进作用，但在具体的操作上又不得不说，这些议论确实没有系统的逻辑和整体的打法。

就好比猎人在狩猎的过程中看到前方有一只鸟，他没有采用狙击手的打法，而是用鸟铳。因为在他看来，只要方向对，总有一颗子弹能打中。尽管这也是一种达成目标的方法，但从长远来看，这种打法只适合距离较近的目标，而且也不能提升自己的狩猎技巧，同时也在无形中浪费了大量资源。然而，与这些店长、猎人类似的做法却每天都在我们企业内部上演着。

之所以会这样，是因为管理者在围绕目标如何落地的问题上既没有相应的管理逻辑，也没有清晰的目标路径。因此，针对巴长管理逻辑能力的提升十分必要。

对于巴长来说，思考影响目标达成的关键障碍需要具备两种思维能力：

一是推理逻辑能力，二是就事论事逻辑能力（如图 5-5 所示）。

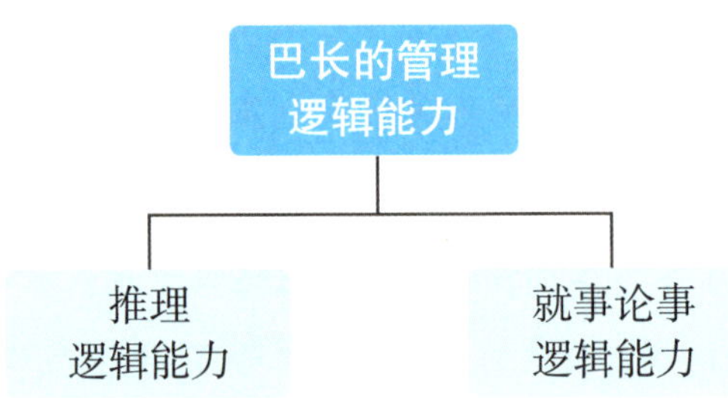

图 5-5　巴长的管理逻辑能力提升的两个维度

一、推理逻辑能力

所谓的逻辑推理能力，就是巴长清楚地知道影响目标达成的核心关键要素有哪些。

仍以案例 1 为例，巴长必须清楚对店铺达成 100 万元营收的关键影响因素有哪些，也就是要了解门店的营业收入是怎么来的。

推理逻辑：门店营收=进店客流 × 成交率 × 成交单价 × 复购率 ×（1-客户流失率）

言下之意，如果这是一个合格的或者优秀的阿米巴巴长，必须至少要从以上五个维度来阐述他是如何实现门店的收入的，而不是像案例中那样呈现众说纷纭的“乱象”。

二、就事论事逻辑能力

顾名思义，就事论事逻辑能力就是指巴长就目标达成的障碍和问题，客观阐述其事实依据和情况并能够层层剖析的能力。

● 案例 2

这是在辅导湖南一家企业的过程中遇到的情况。老板给总经办主任下达了一个重要的任务——提升员工满意度。接到这个任务之后总经办主任便快速着手实施起来，很快拟定了一份方案来与我们探讨。我们拿过方案一看，不禁心里一沉。

因为整个方案中共罗列出了 100 多条公司要采取的措施，其中不乏薪酬、员工福利、住宿环境、企业文化等方面的措施。

看完之后，我直接问他："你觉得你的方案可以打多少分？"

"80 分以上应该没有问题。"

"你想听听我给你打多少分吗？要我看，此方案不会超过 40 分。"

此话一出，办公室主任的脸色立马变得不悦起来，因为在他看来他的方案已经很完善、很周全了。于是，我接着问："你这个方案实施下去，需要花多长时间？需要花多少成本？"他一时没回答上来，我又接着说："这些都是影响员工满意度很重要的环节，不可否认，如果这些全做到了，员工满意度肯定会提升，但你构思这份方案的过程却缺乏必要的逻辑，在我看来你脑子里是一团糨糊。"

他听我这么一说顿时有些紧张，我先稍微安抚了他一下，然后接着问："你先别急，请你现在告诉我，到目前为止公司员工主要对哪些方面不满意？对薪酬不满意的有多少？对食宿不满意的多少？对管理者不满意的多少？分别是哪里不满意？"此话一出，他恍然大悟……

在案例中，最后这个问题正是在巴长管理逻辑能力提升中需要培养和提升的就事论事逻辑能力。连问题是什么都没有搞清楚，如何能够解决问题呢？不管是在企业管理上还是在我们日常生活中，当我们面临问题时，首先需要从事实本身着手，了解事情和问题的相关具体情况。这样我们才能进一步开展针对性的分析，进而找出解决问题的关键和核心，而不是凭着“我以为”去列出所有可能的解决措施和方法。

例如我们常说的企业生产合格率提升问题，如何从96%提升到100%呢？一个优秀的巴长首先要确认从96%到100%之间这4个百分点的差距是由哪些原因导致的，是品质不合格还是原材料不合格、不合格的产品中外观导致不合格的有多少、设备故障导致不合格的有多少等。然后，针对这些问题一一分析，找出关键因素、次要因素，再进行针对性地解决，这才是就事论事逻辑。

对于案例1中店铺的店长和案例2中的总经办主任来说，只有把类似上述这些问题全部搞清楚后，才能从产品、销售技能、管理流程等方面去做更详尽的思考。只有将关键核心问题解决了，其他的问题才会迎刃而解。

总之，对于阿米巴经营模式下的巴长来说，管理逻辑能力的培养和提升能够帮助阿米巴领导者减少其发散思维，祛除点状思维，以避免因为巴长思维发散而导致的管理不聚焦、没有逻辑性等问题。让巴长能够将所有精力都聚焦到围绕企业目标的任务分解和阿米巴目标的达成上，然后有步骤、有计划、有重点地进行目标达成障碍分析，进而找到核心关键障碍并予以解决。

【小巴提示】

阿米巴经营模式中每个巴的巴长就是团队的领导者，必须具备推理逻辑能力和就事论事能力。

一个优秀的巴长首先是一个思维逻辑非常清晰的领导者，而不是一个“莽夫”。

巴长的数据逻辑能力

 **思考**

在传统的企业管理模式下，企业中的每一个员工是否能清楚地告诉领导自己对哪些工作成果负责?

在传统管理模式下，企业经营者和管理者只要留心观察就会发现，不管是对目标制订、分解还是在目标达成的障碍分析上，员工看起来都理解得十分到位，然而在目标落地实施的过程中，不少员工和管理者不论是向领导汇报还是在经营管理过程中经常会为了做事情而做事情，很少人会清楚地告诉领导自己应该对什么样的工作成果负责。

其实，结合巴长的管理逻辑能力来看，我们能很快找出问题的原因所在。巴长的管理逻辑能力主要是指推理逻辑能力和就事论事逻辑能力，其精髓在于透过问题看本质，进而针对目标达成的障碍进行分析。

但仅凭以上步骤只能找到可能阻碍目标达成的因素，并不能为目标达成中可能存在的障碍解决提供强有力的支持。正如上一节案例 2 中的总经办主任一样，在方案中他将所有的因素和措施都列出来，即便最后能实现目标，但投入的资源、时间和精力也会让其工作的价值大打折扣。这时候就需要企业对巴长的第三个核心能力——数据逻辑能力进行培养和打造。

打造巴长的数据逻辑能力在于透过数据看关键，进而找到阻碍目标达成的核心障碍。因为作为企业的中流砥柱，巴长只有在繁杂的事务中找到影响目标的核心关键所在，才能针对性地解决问题，一击必中，消除阻碍目标达成的核心障碍。

仍以上一节的店铺为例，针对其100万元营收目标的达成，对客流量和客单价因素进行分析。

首先，我们发现，要实现营收，面临的第一个问题是客流量不足。通过数据对比可以看到，要达到100万元的营收，门店每天所需的客流量至少在1000人，而制订的目标仅为800人。接下来，针对客流量不足，我们可以进一步细分为自然客流量和渠道客流量，将其数据进行对比，找出具体是哪一类型客流量没有达到要求。

同理，在客单价的分析上，通过对比可以发现其客单价同样存在问题——客单价偏低。因为要达到100万元的营收，所需客单价至少要达到100元，而目前是80元。倘若对客单价进一步分析，我们还可以将其连带率也以数据的形式呈现出来，找出到底是哪个环节出现问题导致了客单价不达标。

利用数据找出问题并进一步找到根本原因是巴长数据逻辑能力培养和提升的一个重要方面。通过目标障碍中的数据分析，巴长可以清晰地知道阻碍目标的具体因素和根本因素，找出解决问题的最优方案。

正如前文所述的中国民营企业的“第三殇”，在企业日常管理和工作的开展中，企业经营者和管理者可能经常出现的情况就是将企业的经营视作简单的数字逻辑关系。而管理逻辑能力和数据逻辑能力培养则可以让巴长学会基于企业经营的事实和数据来制订、分解目标，并找出目标达成的核心障碍。

在以往辅导企业的过程中，提到巴长的数据逻辑能力培养时总有不少企业经营者提出这样的问题：对巴长的数据逻辑能力培养是基于有数据支撑的前提下，如果我的企业没有相关的数据，又怎么来进行数据分析呢？

其实，对于这个问题可以从两个方面着手。一方面，企业在导入阿米巴经营模式之后，通过组织划分、独立核算以及内部交易的确立和实施，阿米巴经营会计报表、内部定价等工作也逐步开展起来。在这一过程中，阿米巴经营会计报表能为企业积累大量的经营数据，打造完整的企业经营数据体系。另一方面，即使企业尚未运用阿米巴经营会计报表，也可以借助传统的财务报表针对相应的经营数据进行分析和对比，同时，可以通过后续的阿米巴经营会计报表不断完善企业的数据体系，为企业的经营持续提供数据支持。

这也是阿米巴经营模式区别于传统管理模式的一个核心点：通过经营数据可视化，能够做到每天都进行数据更新。以稻盛和夫成功拯救日航为例，其中的一项秘诀就是经营数据做到日呈现，通过及时的经营数据呈现将从每个阿米巴单元到整个企业的经营数据变化都尽收眼底，以快速调整战略和方向。

这也是数据逻辑能力为什么是巴长一定要具备的核心能力之一的原因，因为阿米巴经营模式不只是“授权”，更是“赋权”。巴长作为每个阿米巴单元的“中枢神经”，指挥和承担着整个巴实现目标的重任。尽管阿米巴经营会计报表会源源不断地为巴长提供有效的决策依据和数据支持，但前提是巴长要懂得如何从数据中通过分析做出决策。

【小巴提示】

尽管阿米巴经营会计报表会源源不断地为巴长提供有效的决策依据和数据支持，但对其利用的前提是巴长要懂得从数据中通过分析做出决策。

所以，对于巴长来说数据很重要，但数据背后的分析和运用逻辑更重要。在具备管理逻辑能力之外，通过培养和提升数据逻辑能力，巴长不仅能够更好地将自己工作的开展对目标达成带来怎样的量化成果一一梳理出来，也能够使其帮助员工明确他们的工作开展对目标达成会带来怎样的量化成果。

这样，在阿米巴经营模式下，企业上下所有人都能清楚地知道自己工作的开展对企业目标的达成会带来哪些价值和贡献，让员工不仅知道“做什么”“为什么做”“怎么做”，更能够知道“做了之后会怎么样”，从而厘清工作思路和目标达成的重点，避免单纯地为了做事情而做事情，让目标的制订、分解和达成不再是停留在表面的简单数字。

巴长的重点逻辑能力

思考

在企业经营的过程中，面对繁杂的事务，巴长如何抽丝剥茧，找出影响目标达成的核心关键？

在企业经营的过程中，不论规模大小，企业经营者每天的日常管理事务不可谓不多。面对繁杂的日常管理工作，不少企业经营者经常感慨：如何才能从中理出头绪，抓住企业经营的重点？

其实对于巴长来说情况也是如此。巴长作为阿米巴单元的负责人，每天也需要根据实际情况在繁杂的事务中不断做出经营和管理决策。这就需要企业注重打造巴长的第四个核心能力——重点逻辑能力。

在巴长重点逻辑能力的打造上要注意两个方面：一是在运用数据逻辑能力进行目标障碍识别的基础上抓住核心关键问题；二是透过关键问题看到本质原因，并透过本质找方法。

在进行目标障碍分析之后，目标达成的障碍是我们在目标达成的过程中需要克服的，那些不是重点的障碍同样需要我们解决，但这并不意味着巴长可以忽略事务处理轻重缓急的次序，这时，巴长通过运用重点逻辑能力就能梳理出核心关键，并通过目标障碍的表象抓住问题的本质，然后再透过本质找出解决问题的方法。这一过程就是打造巴长重点逻辑能力的过程（如图 5–6 所示）。

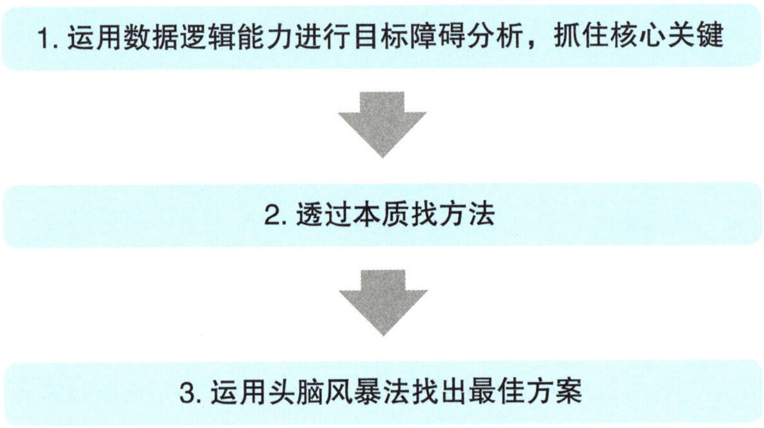

1. 运用数据逻辑能力进行目标障碍分析，抓住核心关键

2. 透过本质找方法

3. 运用头脑风暴法找出最佳方案

图 5–6　巴长重点逻辑能力打造的步骤

一、运用数据逻辑能力进行目标障碍分析，抓住核心关键

无论我们采用哪种思考工具，运用数据逻辑能力的作用就是帮助我们从千头万绪中找出重点。在这一过程中，所有的目标、数据都是巴长做出决策的参考依据，而重点逻辑能力是根据这些客观因素做出主观判断。

与传统管理模式下企业经营者和管理者经常采用的“拍脑袋”不同，巴长的重点逻辑能力是继数据逻辑能力之后抓住重点并从核心关键着手、实现目标的核心策略。

而这一切的前提就是确定影响目标达成的主要障碍，只有在抓住核心障碍的基础上才能进行下一步的操作，最终找出达成目标的最佳方法。

二、透过本质找方法

进行目标达成障碍分析之后，即使核心障碍已经确定也并不意味着就能立马采取对策，接下来还需要巴长运用“5why”分析法透过本质找方法。

中国民营企业经营的“第四殇”所述问题是：每到绩效考核时，员工考核结果很好，部门考核结果很好，但唯独企业的业绩没有完成。之所以出现这样的现象，正是因为在企业目标制订、分解之后，企业经营者和管理者就目标的达成都没有切实制订好对策，也就是没有告诉员工如何达成目标。而巴长的重点逻辑能力运用的过程就是找出达成目标的过程。其中，第一步就是透过本质找方法。

不少企业经营的过程中之所以会出现上述中国民营企业经营“第四殇”的情况，就因为企业针对目标的达成只停留在表面的目标制订和分解，在针对目标达成障碍进行分析的时候，因为缺乏数据逻辑能力，往往在目标达成策略的制订上过于简单粗暴。例如，对于门店客流量不足，其策略就是加大客户引流。

尽管有部分企业也对达成目标的障碍进行分析并找出了核心障碍，但却忽视了围绕障碍进行层层分析，深入内部、抽丝剥茧地找到问题的根本。

巴长重点逻辑能力打造的重点，就是让巴长学会透过本质去深挖影响目标达成的核心原因所在，通常需要运用“5why”分析法，顾名思义，“5why”分析法可以通俗地称为“5个为什么”。例如，如果企业的门店客单价不足，就针对其连续问5个“为什么”，直到找出客

【小巴提示】

巴长的重点逻辑能力运用的过程就是找出达成目标过程的核心原因。

流不足的核心根本原因。

如图5–7所示，巴长在运用“5why”分析法时首先要连续问5个“为什么”，关于这一点，在实际运用的过程中，其关键不在于到底问多少个“为什么”，而是在于通过问“为什么”找到核心根因。所以，有时候可能问3个“为什么”即可，而有时候即使问了10个“为什么”也不一定能找出核心根因，这时候就需要接着问，直到问出核心根因。

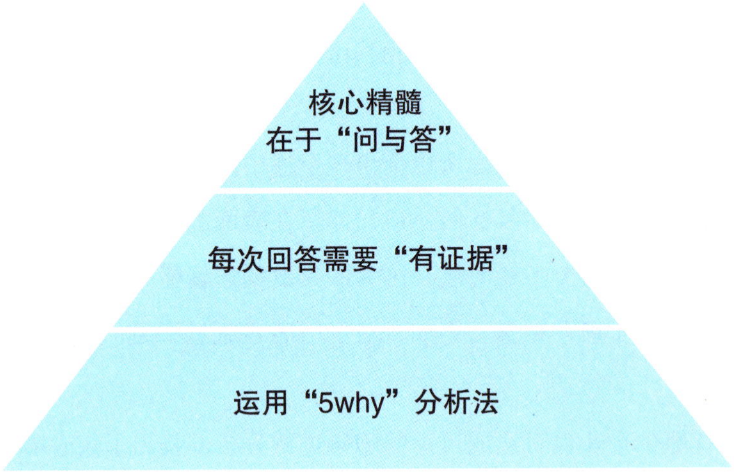

核心精髓
在于“问与答”

每次回答需要“有证据”

运用“5why”分析法

图5–7　巴长运用“5why”分析法的三个要点

然后，每次回答都需要回答的一方给出相应的证据，证据可以是数据也可以是照片，还可以是事实和理由。

最后，巴长要明确，“5why”分析法运用的核心精髓在于“问与答”。因为，提问一方的思维模式和习惯是最终找到核心根因的关键。这也是为什么很少有人能真正用好这一简单工具的根本原因，因为很多人在提问过程中经常被回答的人带偏。

● 案例 1

2010 年，我们曾在天津辅导一个企业项目，这是一家做工程造价咨询的企业。由于其业务项目的特性，公司内部的员工多为造价工程师，这些高级人才是决定企业收益的核心关键。但是每年春节后，公司都会面临一波离职高潮。因此，老板就请教顾问团队有什么样的方法可以解决这一难题。

起初，我们采用了问题分析八步法，然后，针对其中的“问题分析”环节将问题的焦点锁定在“为什么造价工程师离职率高”上。当时，我们在现场就“5why”分析法进行了统一讲解和一番梳理，然后让他们先提问和梳理，我们再进行辅导。结果，两天之后我们再去公司，面对他们通过“5why”分析法得出的结论哭笑不得。在提问过程中，他们经历了这样的过程：

问：为什么造价工程师离职率这么高？

答：因为对薪酬不满意。

问：为什么对薪酬不满意？

……

答：因为老板格局不够。

案例中出现最后“老板格局不够”这个答案，就是典型的提问人被回答问题的人带偏的现象。试想一下，当一个企业中的日常问题最终归结为“老板格局不够”的时候，我们又该如何解决呢？估计除了换企业、换老板也没有更好的解决办法了。下面，我们来看一个通过正确使用“5why”分析法找出问题症结和本质原因的案例。

● 案例 2

在为很多企业进行辅导的过程中，我通常亲自来当提问人，为企业经营者和管理者做出正确的示范，帮助他们正确运用“5why”分析法，其中对一家制造型企业机器设备故障的演练令我印象深刻。

当时，这家企业主要面临机器人设备经常出现故障的问题。尽管企业也有设备维修人员在负责检查并维修，但这一问题还是反复多次地出现。我们对其采用了“5why”分析法。

问：为什么机器人会突然停止？

答：因为保险丝烧坏了。（对方在回答的同时展示了保险丝烧坏的图片。）

问：为什么保险丝会被烧坏？

答：因为电流过窄。

问：为什么出现电流过窄？

答：因为一根轴承遭到损坏，被卡住了。

问：为什么轴承会被卡住？

答：因为轴承中没有足够的润滑油，所以导致被卡住。

问：为什么没有传送足够的润滑油？

答：因为机器上的输油泵不能传送足够润滑油。

问：为什么输油泵不能传送足够的润滑油？

答：因为输油泵入口被金属线给堵住了。

问：为什么输油泵会被堵住？

答：因为没有在输油泵处设计过滤网。

问：为什么输油泵处没有设计过滤网？

答：因为设备买来的时候本身就没有过滤网……

在传统管理模式下，有些企业遇到和案例中这家企业类似的情况时通常采取的做法有两种：一是换保险丝，二是加强设备保养。但我们都能预料到，无论其如何加强，问题肯定还会再次出现。

在“5why”法提问的过程中，关键在于问到回答的一方哑口无言为止，铁证如山，这是核心关键。哑口无言意味着我们找到了最根本的原因，而铁证如山意味着其回答并不是凭空地乱讲一气。

巴长要注意的是，问到核心根因后，还没有结束，这时候还需要趁热打铁，问出操作的策略、方法和途径。以上述案例中的企业为例，在最后找出核心根因之后我接着又问了一个问题：要想解决这个机器的这种故障，怎么办？其实，随着提问进入到这一环节答案就在我们嘴边：新设计一个过滤网。通过“5why”分析法的现场提问与回答，企业中所有员工都能清楚明了地知道解决这一问题的办法。

在企业经营管理中，不论是技术问题还是管理问题统统都可以采用“5why”分析法来解决。这样做不仅可以找到问题根因，还可以提升企业员工对问题的认知度，并为找到解决方法指明方向。在这一过程中，巴长可以借助“5why”分析法模板将所有的问题写上去（如表 5-2 所示）。

表 5-2 "5why" 分析法运用模板

影响目标 核心障碍 / 问题	"5why" 分析		
层次	"5why"	回答	对策
1			
2			
3			
4			
5			
…			

三、运用头脑风暴法找出最佳方案

通过"5why"分析法找到核心根因之后，接下来就要找出解决核心根因的方法，更关键的是找到最佳方法。在企业辅导的过程中，讲到这时不少企业经营者和管理者都会提出这样一个问题：运用"5why"分析法找到核心根因及其相应对策不就是最佳方法吗？

的确，正如机器人设备故障的案例那样，通过“5why”分析法，我们最后得出的“新设计一个过滤网”确实是其中一个可行的方法，但是不是最好的方法呢？未必！这时候巴长就需要掌握并运用“头脑风暴法”帮助阿米巴成员找到目标，达成策略。

运用头脑风暴法的核心在于激发员工的创造性思维。常规的方法只能带来常规的业绩，创新的方法才能带来突破性的增长。在美国，头脑风暴法还有一种有趣的叫法——精神病法，因为相对于常人来说，精神病患者的不少思维都十分奇特，也是常人所无法理解的，而且相对于常人的思维，其更难被颠覆。

● 案例 3

成龙与元彪合作过一部名为《快餐车》的电影，其中有这样一段情节：

两位男士与一位女士驾驶面包车路过一家疯人院门口，这时，面包车突然爆胎。两位男士自然而然地下车更换轮胎。两个人费了很大力气将旧轮胎卸下来，但在将新轮胎换上去的时候不小心将待安装的新轮胎的四颗螺丝掉进了下水道。尽管两位男士使尽浑身解数，但还是没有将螺丝拿上来。两人一面泄气一面相互责怪，最后只能无计可施地蹲在路边。

这时，从疯人院门口突然走出来一群疯子，看到两人蹲在路边抓狂就问他们事情的缘由。两人把问题原委讲完，没想到疯子们却说他们俩是笨蛋。

“你们有什么好办法？”两人一面疑惑一面打趣地问道。疯子们起初还故弄玄虚，后来在两人的继续追问下，他们才说：“你们看，你们现在是不是还有 3 个轮子？这 3 个轮子里面是不是每个都有 4 颗螺丝？3 个轮子每个轮子卸下 1 颗螺丝，是不是你手上有 3 颗螺丝？那么把这 3 个螺丝拧到那个刚刚调换的新的轮子上，每个轮子是不是都有3颗螺丝？那么你们慢慢开就可以到达目的地了！”

……

案例中的疯子们相对于常人来说原本是弱势群体，但是他们从自己的角度同样能够发现问题解决的办法，并且这些方法很多是在常人思维模式下无法想象的。对于巴长来说，这个案例告诉我们在阿米巴经营中遇到问题的时候，要有“疯子”般的思维来解决问题。

总的来说，在阿米巴经营模式中，对巴长重点逻辑能力的打造能让巴长通过数据知道影响这个目标的核心关键所在，再针对关键问题透过现象看本质，这是提升能力的第一步。

当巴长掌握并运用重点逻辑能力之后，面对企业经营的繁杂事务时就能有抽丝剥茧（找到核心）的能力。通过实践运用，不仅要基于“5why”分析法找到目标达成障碍的核心根因所在，更要善于培养和激发阿米巴成员的创新思维能力，并让阿米巴成员逐渐掌握重点逻辑能力。只有这样，在面对企业经营问题的时候才会有更多的解决办法，才能调动所有人的智慧。

为了训练阿米巴经营模式下的巴长经营能力，我结合过往20多年的从业经验，通过“一页纸模式（one-page-model)”专门研发了一个围绕各阿米巴经营目标达成的经营作战地图（OTOM），通过这种训练，可以让各巴长在目标制订、目标分解、目标障碍、目标突破、目标重点、目标策略等方面进行全方位训练，从而提升巴长的经营能力（如表5-3所示）。

表 5–3　阿米巴经营目标作战地图（OTOM）①

利润	=	销售收入	收入结构	突破维度	目标	现状	−	变动费用	突破维度	目标	现状	−	固定费用	突破维度	目标	现状
经营利润	=	销售收入					−	变动费用				−	固定费用			

解决对策	编号	突破维度	核心举措	量化成果	编号	突破维度	核心举措	量化成果	编号	突破维度	核心举措	量化成果
目标达成路径												

注：此表训练方法会在课程现场以及入企业辅导现场进行专门演示。

① 阿米巴经营目标作战地图为和效知识产权产品。

巴长的作战监督能力

思考

没有行动上的聚焦，哪来策略上的落地？

正如我们在讨论中国民营企业经营“第五殇”时提到的那样，在传统的企业经营中，不少企业经营者和管理者都会发现这样的现象：尽管目标的制订和分解都做得很好，但在每个月末、季度末、年底的时候才发现实际情况与目标有差距。

之所以出现对目标达成后知后觉的局面，原因就在于传统管理模式下，在企业经营目标实施和达成的过程中，管理者不知道如何有效地管理目标，对管控手段和措施方法不熟悉，缺乏对目标达成的作战监督力和掌控力，也缺乏对其改善和提升的能力。

而阿米巴经营模式中的巴长不仅是阿米巴的经营人才，也是管理者。巴长如何确保企业经营目标的达成十分关键，这时候就需要企业打造巴长的第五个核心能力——作战监督能力。

企业的执行力来自员工的执行落地能力，更来自管理者的监督力和检查力。一方面，对于企业经营目标达成来说，企业经营者和管理者重视什么就应该监督什么；另一方面，对于员工来说，绝大多数员工在工作上都不是做领导者希望的，而是做领导者检查的。对于巴长来说，要提升其所在阿米巴的经营利润，就必定要关注其相应的成本费用分析。

企业打造巴长的作战监督能力的重点要放在对企业层面及阿米巴单元层面的作战监督系统的打造上。

如图 5-8 所示，在阿米巴经营模式下，企业的作战监督系统图就像一副哑铃，因此我们也形象地称之为“哑铃系统”。作战监督系统主要分为两个方面：一是目标达成的过程，二是目标达成的结果。其中，不管是在过程还是结果的监督上，巴长都要监督到位，用一句通俗的话来说，就是“两手都要抓，两手都要硬”。

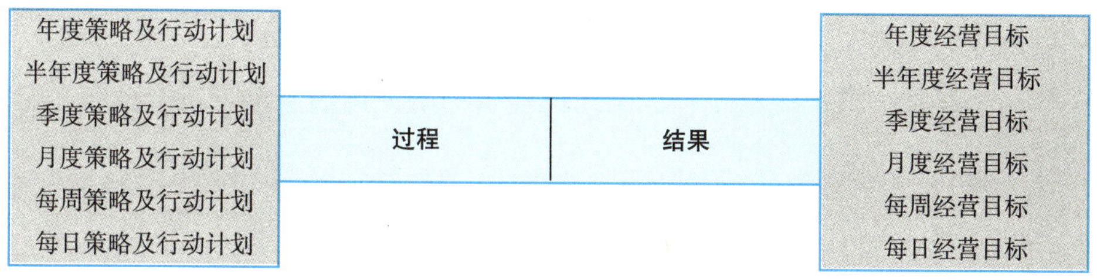

图 5-8　阿米巴经营模式下的巴长作战监督系统图

一、过程监督

过程监督对于巴长来说，就是对目标达成过程的每一步进行监督和检查。

例如，针对制订目标达成策略以及策略制订后的行动计划，巴长在具体的监督实施上要针对行动计划表中所列出的每一项行动计划内容、达成结果和标准一一对照，检查其是否按照既定的标准执行到位。

阿米巴经营模式下的过程监督与管控与传统的西方管理模式中企业更关注工作结果有所不同。因为稻盛和夫认为，在企业经营过程中要想获得好的结果，必须先有一个好的过程管控，才能为良好结果的达成打下坚实基础。

二、结果监督

在结果监督方面，通常情况下，优秀企业中每个阿米巴单元每天的经营状况都可以看到相应的数据和结果，这为巴长对其目标的分析提供了充分的支持。但在具体操作上，到底是每天、每周还是每月进行分析需要结合企业所处的行业和经营环境而定。

其中，结果监督最重要的操作模式就是"业绩分析及改善会议"，除了以上谈到的目标制订与分解、围绕目标的数据关系、围绕目标的突破维度、围绕突破维度的解决策略外，要想获得一个好的结果，各巴必须定期进行"业绩分析及改善会议"，这也是稻盛和夫常常提到的必须循序渐进。

图 5-9 是稻盛和夫在京瓷的阿米巴经营中所采用的业绩分析及改善分层推进机制。

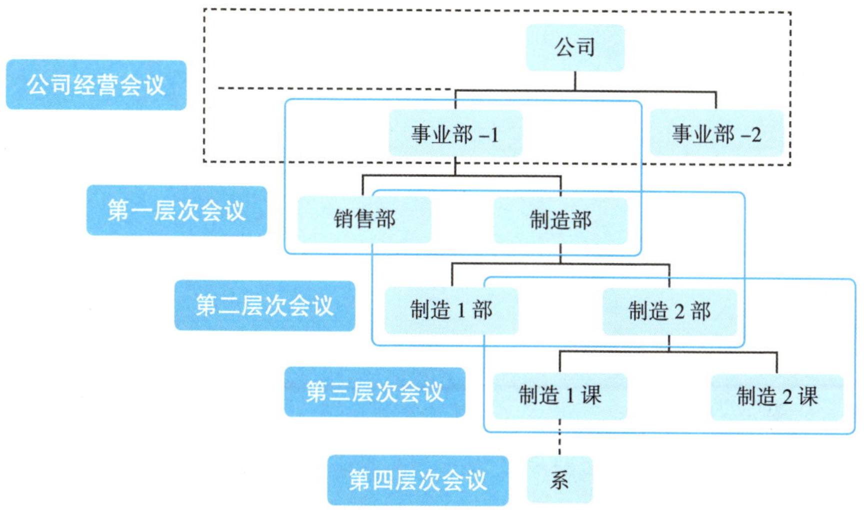

图 5-9　京瓷阿米巴经营模式下的业绩分析及改善推进模型

巴长的协同作战能力

思考

阿米巴经营模式下，在企业的目标实现上，巴长应该如何运用协同能力让不同部门和企业给予相应的资源和支持?

企业经营者和管理者始终应该牢记的是，企业经营的目标并不是企业经营者或老板个人的目标，而是公司上下所有人的目标。同样，在阿米巴经营模式下，阿米巴单元的目标也不是单独一个巴或巴长的目标。

这就意味着，对于采用阿米巴经营模式的企业来说，每一个阿米巴单元的巴长都需要明确一个问题：要实现公司目标，每个部门应该如何协同，需要其他部门给予怎样的支持、需要企业给予怎样的支持。这是很多推行阿米巴模式的企业中巴长没有明确的一个问题。

在传统管理模式下，不少管理者经常会遇到这样的情况：企业召开年度、季度经营会的时候将目标未达成的原因归结于其他各个职能和业务相关部门，忽略了在制订目标达成策略的时候通过提出请求的方式与相关部门寻求资源支持和协同。其实，这种情况背后反映的是管理者对目标达成的核心障碍及行动策略缺乏清晰的思路。

在阿米巴经营模式下，这时候就需要企业打造巴长的第六个核心能力——协同作战能力。就好比在军队的行军作战中，一位优秀的将领必须具备“兵马未动，粮草先行”的战略眼光和策略思维。想要打胜仗，就必须将前期的准备工作做扎实、做到位。

在阿米巴经营模式中，企业对巴长协同能力的打造可以分为两个步骤：一是行动资源盘点；二是从目标作战计划表到作战推演（如图 5–10 所示）。

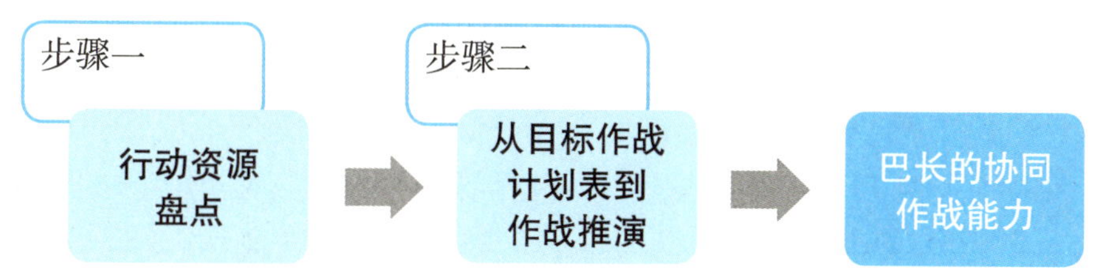

图 5–10　打造巴长协同能力的两个步骤

一、行动资源盘点

打造巴长的协同作战能力首先要明确企业经营中需要的行动资源，即时间 / 资金资源、物质资源、人力资源（如图 5–11 所示）。

行动资源盘点的核心原则是具体，就是将所需的资源具体列明出来，而不仅仅是传统管理模式下提及跨部门协同和支持时一句“我需要相关部门的大力支持”所能达到的。

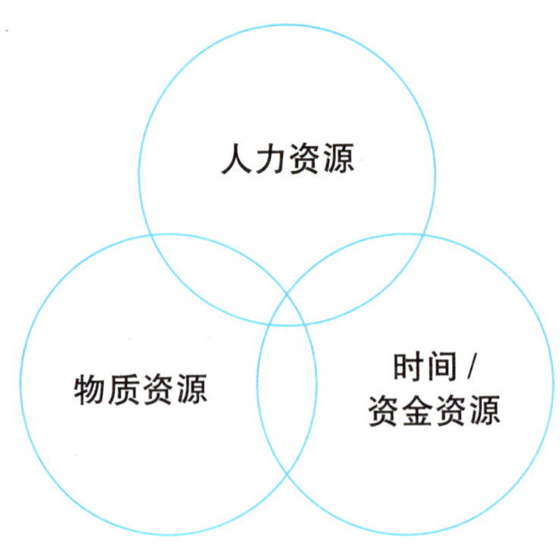

图 5-11　企业生产经营中的三种资源

因为无论是“相关部门”还是“大力支持”，都没有将部门具体所需的资源清晰地传达到位。要实现“具体”，就需要运用“3W”原则，即希望谁（Who）、提供什么（What）、什么时候到位（When）（如图 5-12 所示）。

二、从目标作战计划表到作战推演

通过行动资源盘点将目标达成需要的资源一一列举出来，就形成了相应的目标落地行动资源支持表，有的企业也叫目标行动计划资源匹配表（如表 5-4 所示）。

那么，目标行动计划表制订好后是不是意味着巴长和阿米巴成员可以立即投入目标落地执行中呢？

答案是否定的。对于巴长来说，将目标落地行动资源支持表制作出来是远远不够的。接下来，巴长还需要面向其领导和所在阿米巴的成员，就阿米巴经营目标、利润目标、达成策略等目标落地作战计划做整体梳理和讲解。

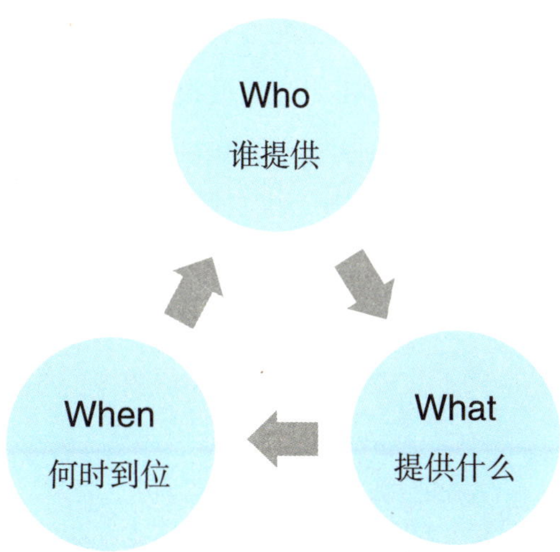

图 5-12　巴长实现行动资源盘点具体的“3W”原则

表 5-4　企业目标落地行动资源匹配表

目标	措施方法	资源需求		
		需求内容	时间点	责任人
目标一				
目标二				
目标三				
目标四				

在这一过程中，巴长在经营逻辑能力提升的同时，也能很好地检视当前的目标作战计划是否存在缺失和不足，以便提出修改和完善的意见。这一作战推演系统也是麦肯锡在其企业咨询中常用的系统。一般情况下，企业可以每半年进行一次。

对于企业来说，作战推演系统的运用过程包含以下四个很重要的意义（如图 5-13 所示）。

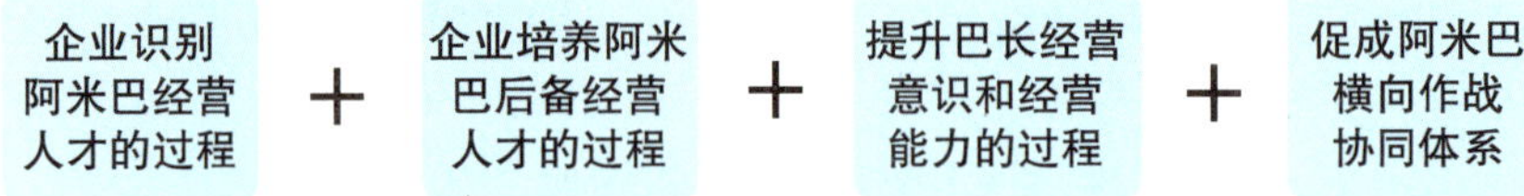

图 5-13　作战推演系统的意义

企业在阿米巴经营中之所以要对巴长六大核心能力进行打造，就在于企业阿米巴经营模式要真正落地，最核心的秘籍在于人。巴长作为阿米巴单元的负责人，既起着承上启下的作用，也是维系阿米巴经营模式和企业发展的中流砥柱。因此，对巴长六大核心能力的打造是每一个采用阿米巴经营模式的企业必须要重视和落地的。

打造拥有六大核心能力的巴长就好比著名武侠小说家古龙在其《多情剑客无情剑》中塑造的人物李寻欢。对于李寻欢来说，其纵横江湖的绝技是小李飞刀。然而，如果将小李飞刀交给其他人使用，能达到李寻欢使用的效果吗？不一定，因为小李飞刀之所以名扬江湖，是因为有李寻欢的深厚功力和多年的练习。

企业对巴长六大核心能力打造的过程何尝不是类似李寻欢深厚功力和多年练习的另一种呈现呢？企业要解决阿米巴经营模式落地的问题，最终还是要回到企业经营的原点，即提升巴长的经营能力、分析问题能力、解决问题能力，才能打造出属于企业自己的阿米巴经营模式落地的独门秘籍。

【小巴提示】

对巴长六大核心能力的打造，是每一个采用阿米巴经营模式的企业必须要重视和落地的。

以上探讨了阿米巴经营模式下巴长的六大核心经营能力，我把它们统称为围绕阿米巴目标的作战能力，企业只有通过年复一年的操作，让巴长时刻谨记目标，围绕每年制订的目标想清楚如何干，并把想的内容变成实实在在的作战计划，然后通过每年至少两次的推演逼迫巴长具备经营者思维，最后通过过程的监督以及定期的业绩分析改善不断循序渐进，才能实现各巴目标达成，最终才能实现巴长“经营者思维”的提升。

总之，人是经营企业的原点和关键因素，阿米巴经营模式再好也要回到原点思考，如果缺失对这一原点的思考，任何模式都是空中楼阁！

Amoeba
Auto-Operation

| 第六章 | CHAPTER 6

如何创造企业的大利润

企业经营的三个核心问题

思考

经营企业的过程就是创造利润的过程，企业的大利润到底来自哪里？利润仅仅是由管理水平高低决定的吗？显然不是，一家企业的大利润来自企业是否走在正确的道路上！

在企业经营过程中，我们常常会听到这句非常熟悉的话：向市场要订单，向管理要效益。从中可以看出一个浅显的道理，管理固然很重要，但是一个企业的真正大利润来自哪里？答案不仅仅是由管理水平决定，更重要的是企业经营者是否让企业走在正确的道路上。因为，如果走错道路，再好的管理都无法为企业带来很好的利润水平。

● 案例

2017 年年初，我在昆山教授一次大课，现场有一位来自广州的张姓女企业家朋友，在课程休息期间她找到我说，这次她是带着很多问题来的，期望老师能够在课程现场给予比较好的解决方案。

通过沟通，我们知道了她是做手机业务的。公司有两大块业务收入：手机销售收入以及手机后期维护、维修收入。但是这几年来公司业绩一直持续下滑，目前已经出现亏损。当这位老板讲完所有情况后，我们很直接地告诉她：“不好意思，我们帮不了你。”

我们之所以给出这样的答案，原因在于其销售的手机品牌——索尼手机。不可否认，索尼手机曾有过其辉煌的时刻，而且其配置和设计上也还不错。但一个最现实的问题是，其市场占有率和客户群体都极少。

当时，我们还为此在课程现场通过举手模拟调查市场和受众情况，结果，在现场所有的学员中，除了这位老板之外，没有一个人用索尼手机。

通过案例中这家企业面临的问题，我们应该看到，一个企业的管理水平再高，如果经营方向不正确，就其长远发展来看也是很难持续产出业绩的。这时候就需要我们回归原点，从企业经营的本源、商业逻辑来思考。

关于这个问题，我们只能说其问题的前提必须是正确的。的确，管理是为经营服务的，管理也能出效率。但是，我们始终应谨记的是：一个企业真正的大业绩、大利润来自企业经营层面上的策略是否正确，包括其经营道路和方向的正确与否。

对于企业经营者和管理者来说，企业想实现大利润就需要回到企业经营的原点，回归理性思考，回归商业逻辑的思考，明确三个核心问题（如图 6–1 所示）。

图 6–1　企业经营回归本源的三要素

- 经营定位的三个思考：行业定位＋企业家定位＋平台定位；
- 三维聚焦的三个聚焦：产品聚焦＋客户聚焦＋区域聚焦；
- 三层业务的三个布局：核心业务＋增长业务＋种子业务。

认清自己的定位

思考

一家成功企业的经营是否只需要明白自身的定位就行了？

要回归本源，我们需要从四个方面来着手：一是经营定位，即明确企业在行业中所处的段位；二是三维聚焦，即企业要想赚钱，在产品、客户、市场区域三个维度上到底如何聚焦；三是企业基业长青的三重业务布局，即企业的核心、增长、种子业务到底如何布局；四是形成战略路径图，即针对前三项分析和战略，细化并制订切实可行的战略路径图。

我们先来看经营定位。企业经营定位是关系企业生死存亡的关键，成功的企业之所以取得成功，对企业经营定位的精准和审慎是重要前提之一，关键在于企业经营者要认清企业的定位。实现这一目的需要关注企业家定位、行业定位、平台化定位三个要素（如图 6–2 所示）。

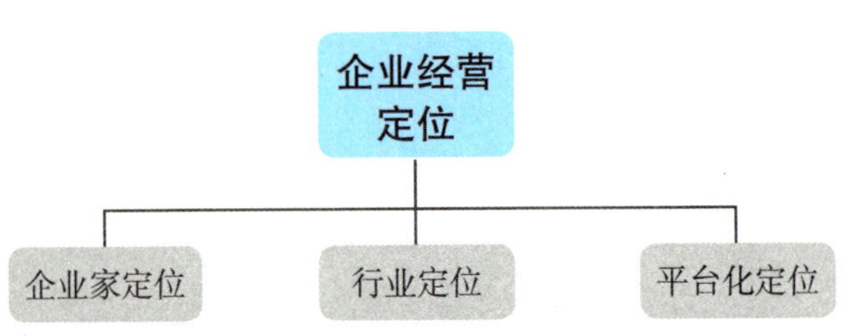

图 6-2 企业经营定位的三大要素

一、行业定位

企业经营者首先要想清楚企业在行业的定位。企业的行业定位好比一个习武者在江湖的地位，最终取决于其自身的武学造诣段位和级别。同样，企业要想在行业中立足，也取决于企业自身在行业中的定位。通常将行业定位按照级别高低分为十个段位，段位越低意味着企业的盈利能力越弱，也意味着企业更有可能被竞争对手超越（如图 6-3 所示）。

段位一：成本劣势

即企业在行业内处于最初级段位，没有任何核心竞争力，其产品在市场上供大于求，行业内竞争异常激烈。而且，这些企业在成本上处于劣势，没有实力更新换代，就不能够拥有现代化的生产设备，为了生存只能靠廉价策略获取市场份额。企业处于岌岌可危的地步，在挣扎的边缘中求生存。

段位二：行业平均水平

即企业在成本劣势阶段至少要达到行业平均水平才不会轻易被行业所淘汰。在经历成本劣势阶段的挣扎之后，生存下来的企业开始意识到如果一直处于这样的地位自己可能随时会被淘汰。所以，有些企业开始往上升级到第二个段位，就是具备了行业的平均成本水平。

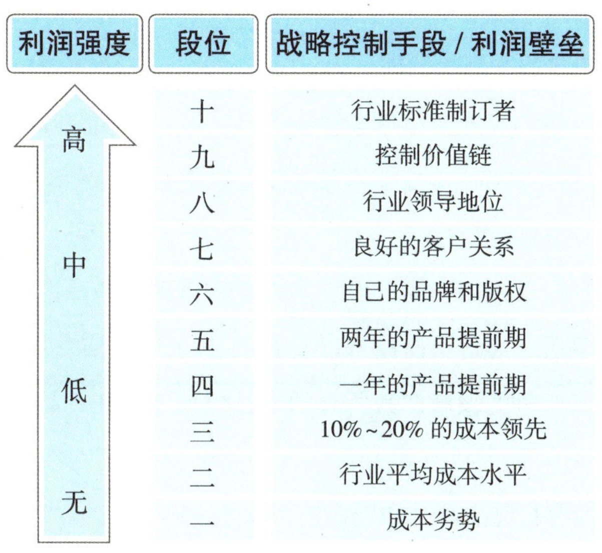

图 6–3 企业行业定位之十个段位示意图

段位三：10%~20% 的成本领先优势

处于这个段位的企业必须具备 10%~20% 以上的成本领先优势。如果企业想在第三个段位站稳脚跟，就意味着企业经营者要学会构建企业核心的竞争壁垒。体现在成本上就是必须比同行业大部分竞争对手都要领先，才能在价格战中凸显优势。

从整体来看，段位一到段位三的企业的共性是在成本上发力，在价格领域开展竞争，因而都属于初级段位。

段位四：一年的产品提前期

处于这一段位的企业主要靠技术、知识产权在竞争中取得胜利。初级阶段的部分企业开始意识到相对于价格竞争来说，价值竞争是更为有力的武器，因此开始步入第四个段位。

段位五：两年的产品提前期

处于这个段位的企业与第四段位的企业一样，主要依靠技术、知识产权优势。与第四段位不同的是，处于第五段位的企业不仅能凭借技术领先于同行，同时也拥有较强的盈利能力。

整体来说，处于第四、第五段位的企业在借助自身一定的实力避开初级段位的价格竞争后，通过钻研技术以及新产品的研发不停地提前产品的上市时间，进入价值竞争的领域，其所有的产品规划通常在产品上市前一两年已布局完成。

段位六：拥有自己的品牌和版权

处于这个段位的企业开始专注于企业的核心竞争力打造，包括产品的品牌塑造以及属于自己的独特版权和知识产权。

● 案例

微笑曲线理论是1986年由台湾宏碁集团的施振荣先生提出的。在这一理论中，施振荣把企业分为三个发展阶段（如图6–4所示）。

在微笑曲线最左端的是拥有自己知识产权和技术产权的企业，它们的盈利能力很强，苹果公司就是典型代表。众所周知，苹果手机的加工厂商是台湾富士康科技集团（以下简称富士康）。通常情况下，富士康生产一台苹果手机能获得十几美元营收，但苹果公司却能实现几百甚至上千美元营收。两者之所以存在如此巨大的差距，正是因为苹果拥有自己的品牌，拥有自己的技术。

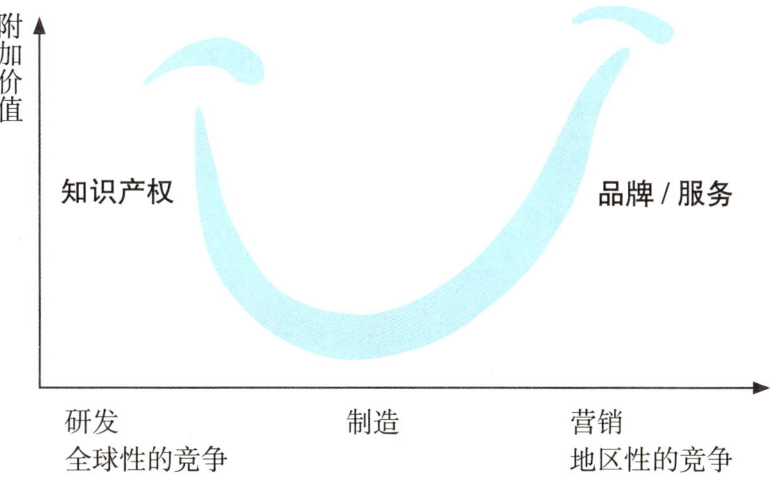

图 6–4 微笑曲线理论

在微笑曲线最右端的企业是拥有自己的销售跟渠道。拥有销售渠道也有很高的叫价资本，这个资本能给企业带来很高的盈利能力，典型的代表企业如沃尔玛。由于将从产品到消费者这个通路掌握在自己手中，沃尔玛全球采购中心会要求所有沃尔玛的供应商每年必须降价 5%，根本原因就在于他们拥有自己的销售渠道，有叫价的资本。互联网时代的卖场渠道如京东、淘宝、天猫、苏宁易购也都是典型的代表。

微笑曲线的中间段是制造，处于这一区间的企业往往多数处于初级段位，其典型的获利方式是纯粹地以劳动力换取报酬。

对于企业来说，要想处在第六段位，必须思考并建立起属于自己的品牌和版权，同时还要考虑未来如何走进高端市场。

段位七：良好的客户关系

处在这一段位的企业通常会借助建立更好的壁垒，和客户、消费者建立紧密的、良好的客户关系，并以此提升企业的盈利能力。肯德基、麦当劳都是跟消费者建立良好客户关系的典型企业。1986 年进入中国的麦当劳因为其稳固的客户关系，在行业竞争里几乎是稳操胜券。

段位八：行业领导地位

处于这个段位的企业通常在行业中处于领导者的地位，其在技术、品牌、市场份额等方面也处于行业领先地位。相应地，企业的盈利能力也毋庸置疑，企业在没有生存压力的情形下开始寻求更大的利润空间。

段位九：控制价值链

处于这一段位的企业已经处于行业的顶端。企业的核心能力主要在于对价值链的掌控力，这类企业将行业的上下供应链都掌控在自己手里。如一些海外大牌公司，诸如汽车行业的宝马、奔驰、丰田等公司。这些企业由于控制了整个价值链，其上游的所有零部件供应商、下游的所有经销商都依赖他们赚钱。

湖南 ZLZK 是一家重型工业企业，很多供应商 80% 以上的订单全部依赖于 ZLZK，因此 ZLZK 就具备了价格控制能力。如果 ZLZK 要供应商降价 5%，供应商纵然叫苦连天也必须得干，如果哪家供应商不干 ZLZK 就可能撤单，一旦 ZLZK 把这个订单撤掉，ZLZK 的供应商企业可能会立马死亡。

这就是控制价值链，利润空间由属于这个段位的企业直接控制，沃尔玛、京东包括现在

【小巴提示】

企业经营定位的第一点，就是企业必须认清楚自己的定位在哪个段位、学会给自己的产品和企业在行业中进行定位，清晰的定位决定了企业会走多远。

很火的拼多多都在往这个方向发展。

段位十：行业标准制订者

这是顶级的段位，处于这一段位的企业，整个行业的标准都是由其来建立的，企业自身的盈利水平不但首屈一指，而且还主导了行业的盈利水平，不但自己盈利，还能够为整个行业的良性发展做出贡献。

可见，企业经营定位的第一点就是企业必须要认清楚自己的定位在哪个段位，学会给自己的产品和企业在行业中进行定位，清晰的定位能够决定企业会走多远。

以上对企业行业定位的十个段位进行了分类，企业经营者和管理者可以参照其来深入思考自己企业的所处水平。不同段位意味着企业的盈利能力、竞争壁垒不同，也意味着每家企业认识到自己是哪一个段位时必须要建立相应的核心竞争能力。

二、企业家定位

一个企业的天花板取决于企业老板认知的天花板。除了对企业的产品和企业自身进行定位，企业经营者还应该对自己进行定位。

如图 6–5 所示，对于企业经营者的定位主要分为五个层次：买卖、企业主、将领、统帅、坐庄。

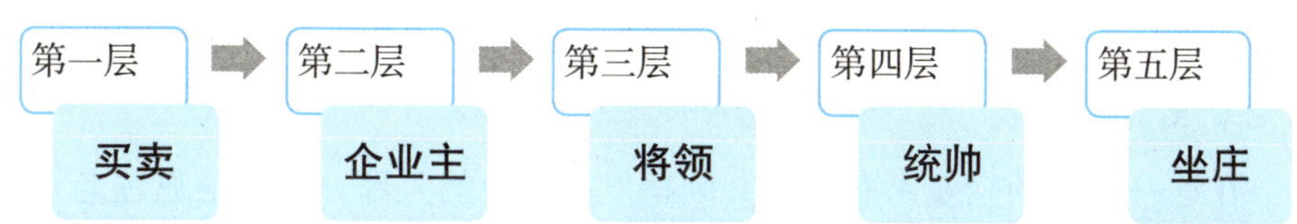

图 6–5　企业家定位的五个层次

层次一：买卖

买卖层级的企业经营者是典型的生意人，买卖就是典型的商人行为。这一层次是整个老板定位里面的最低层级，老板如果只是停留在买卖这个层级，其格局是远远不够的。因为，如果停留在这个层次，企业家看到的只是眼前的得失和短期的利益，而对到明年做什么、未来三年企业怎样会变得更好、如何做才能让生意经久不衰等问题缺乏相应的思考。

层次二：企业主

在企业主这一层级，相对于生意人层级，老板开始意识到要想实现目标需要使用专业人才。这个层次的老板经常会思考一个问题：企业是我的，我才是真正的老板，所有员工都是花钱雇佣的，理所应当该拿人钱财，替人消灾。在这一思维模式下，企业经营者往往忽略了一点：员工也与老板有着同样的想法——你给多少钱我做多少事。因而，这个层次上的老板跟员工之间常常在无形中造成对立关系。

层次三：将领

在这一层次上，原本作为企业主的老板已经意识到不能和员工维持在对立的状态，他们更加深刻地体会到，企业如果想要实现更美好的未来就要突破当前的层次，拥有更大的格局。跟企业主相比，将领知道打赢一场战争要有勇有谋。言下之意，该层次的企业家开始思考如何让下面的“士兵”愿意跟随自己，同时也会思考如何激发上下将士们的斗志从而获得战役的胜利。在这一过程中，将领在提升谋略能力的同时也非常清楚，如果在这场战役拼杀中士兵一个不剩，自己也要具备冲锋陷阵的能力。

在这一层次的企业家有一个共同特点：企业的大部分订单是通过老板个人能力获得的，团队缺乏市场拓展能力。

层次四：统帅

如果说在将领这一层次，偶尔还需要老板亲自上阵杀敌，那么，统帅就是“决胜千里之外”背后那个“运筹帷幄之中”的人。统帅主要负责布局，因为他们要统领全军，思维深度也比将领要高几个层次，好比诸葛亮和张飞、关羽等人之间在军事谋略上有显著区别。

层次五：坐庄

坐庄是企业经营者五个层次中的最高层次，这里说的坐庄并不是人们日常所说的赌场里的“坐庄”，不过隐含的意义是一样的。坐庄的精髓在于，所有游戏的规则都是由庄家制订的。

处于坐庄这一层次的企业经营者是掌控全局的，典型的代表如马云、马化腾，他们都在为自己所处的行业制订游戏规则。

这里对企业家定位进行了五个层次的划分，其实，企业经营者在企业经营上想要达成怎样的结果，取决于企业经营者对自己的定位。而每一个层次对企业经营者的要求和标准都是不同的。

关于企业经营者的定位，我记得有一次出差途中偶尔翻到了飞机上的一本杂志，杂志的文章里对中国民营企业经营者的定位简单粗暴地分成三个类别，即小老板、中老板、大老板。最开始看的时候我的内心原本怀着否定、怀疑的态度，但随着不断地往下看，最后发现这篇文章的确也道出了目前中国很多民企老板的现状。文中提到，所有“小老板”都有一个共同特质——“做事”；中老板的特质——“做市”；大老板的特质——“做势”。

【小巴提示】

企业经营者想要达成怎样的结果，取决于对自己的定位。

不难看出，不管哪种划分方法，其最终的指向都一样：企业经营者要不断提升自己的眼光、能力和格局，并在这一过程中带领企业不断前进，同时为企业打造管理体系和人才体系。

三、平台化定位

企业经营定位中，平台化定位的目的是通过定位，将企业从原来简单的业务平台变成共同决策平台。

例如，通过对阿米巴单元的独立核算，让原来的员工变成一个个关注收入、费用、利润的小老板，让他们在企业的经营上与企业经营者角色一致，共同参与决策。

总的来说，企业经营者在对企业经营的定位上要做到三点：一是清楚企业在行业中的定位及未来方向；二是通过企业家定位让企业经营者对自己有一个清晰的定位和发展方向；三是借助阿米巴经营模式打造企业内部共同决策平台。

企业经营者在企业定位上如果基于这三点有明确的认知，那么企业的定位就会清晰，定位清晰，企业的战略地图路径也会非常清晰。

经营的三维聚焦

思考

经营企业的本质就是创造利润，企业创造利润的基本商业逻辑是什么呢？

企业经营的本质是赚钱，但是企业到底应该靠什么赚钱？当下很多企业都崇拜新型的商业模式，不可否认，一个好的商业模式的确会给企业带来很好的业绩及利润，但是我们也常常发现，在互联网思维和新型商业模式的冲击下，也有太多的企业经营不善甚至破产倒闭，而且这样的现象还屡见不鲜。

其实，只要理性地回到原点思考一个问题，不管是什么商业模式，也不管是什么互联网思维，只要一家企业想持续创造利润，就得从基本的商业逻辑去思考以下三个问题（如图 6–6 所示）：

· 企业是靠什么挣钱？即产品聚焦问题；
· 企业要挣谁的钱？即客户聚焦问题；
· 企业要在哪里挣钱？即区域聚焦问题。

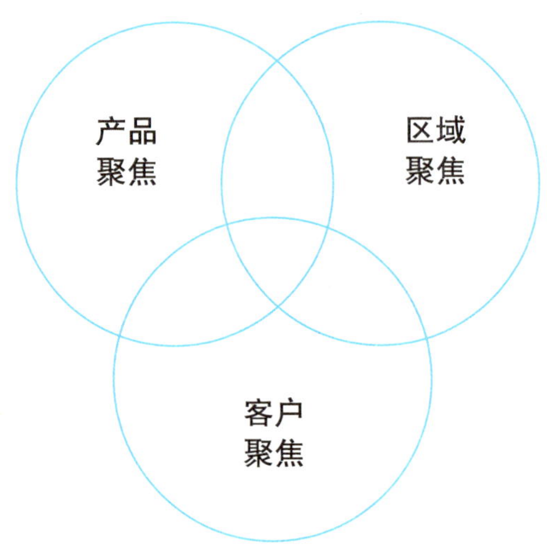

图 6-6　企业经营三维聚焦示意图

正如任正非所说：“人靠绝活立身，企业靠产品实现高收益。”

一、产品聚焦

作为企业经营三维聚焦的第一维，产品聚焦主要是解决“企业靠什么赚钱”的问题。

纵观全球范围内那些做到各自领域最好的企业，每一家核心主打的产品无一不在行业内有着深远的影响力，这既是产品的力量，也是企业重视产品打造的真实体现。

不少企业在导入阿米巴经营模式的过程中，企业经营者将稻盛和夫的经营哲学过于神化，认为其经营哲学能够解决企业经营中的所有问题。其实，如果回到商业逻辑这一原点，我们也可以看到，稻盛和夫的经营哲学固然卓越，但也离不开京瓷优质的产品，而其经营哲学则为京瓷的成功经营指明了正确的方向。

想要做好经营，企业首先要做好产品，然后再思考商业模式。因此，对于任何一个企业来说，产品都是第一等大战略。因为，再好的商业模式都需要通过产品来实现。

如图 6–7 所示，企业经营者应该将更多时间聚焦在企业的产品和服务上，思考我们的产品、服务是否能满足消费者的需求，是否能超越消费者的需求。同时，将思考的焦点集中到我们应该侧重于哪些产品、当前产品结构是否合理、是否应该重新优化开发新的产品这三个问题上。

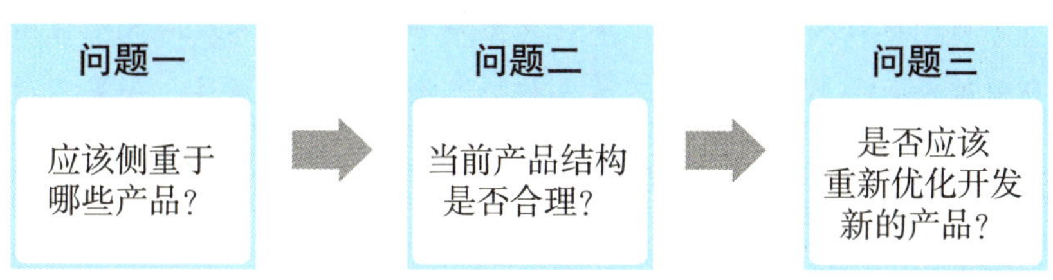

图 6–7　实现产品聚焦的三个主要问题

● 案例 1

作为名创优品的全球联合创始人，在叶国富的带领下，短短几年时间名创优品就做成了零售行业的佼佼者。

在一次采访中，叶国富表示，名创优品在短短几年内成为行业龙头其实并没有秘密，唯一的做法是做爆品战略。

其中，在产品战略上，就是让高管和老板们全部聚焦产品。例如，名创优品有一款矿泉水，矿泉水瓶是圆锥形的。最初，产品设计出来以后让供应商生产加工，供应商反馈这个圆锥形很难加工，建议改成圆弧形的。叶国富却坚决表示否定，他说："如果这个产品改成圆弧形，我宁愿不要。"

● 案例 2

作为中国房地产业的龙头企业，2018 年，碧桂园的销售额高达 7287 亿元。

在当前整个房地产行业大环境不景气的情况下，碧桂园的营收却逐年走高，与其老板对于产品的重视不无关系。

对于前期设计好的每一套户型，董事长都会严格把关，他会站在消费者角度来看这个户型行不行、适不适合相应类型的消费者居住。如果不适合，会立马要求设计优化改善，这正是碧桂园持续成长和经营的核心关键。

不管是名创优品还是碧桂园，企业经营者在对产品的关注上都是非常认真且执着的。正如任正非曾说："特别是小公司，不要这么多的方法论，认认真真把豆腐磨好，就有人买。"同理，做餐饮的就应该把菜品做到独一无二，让别人无法超越。要把企业的产品打造好，就需要有这种"认认真真把豆腐磨好"的精神，对企业产品聚焦的思考正是做好产品聚焦的前提。

【小巴提示】

稻盛和夫的经营哲学固然卓越，但也离不开京瓷优质的产品，其经营哲学则为企业指明正确的方向。

要想让企业在竞争中获胜，首先要通过产品聚焦不断创造竞争优势。一个企业如果没有对核心业务有清醒的认知，就没有战略思维。

任何战略，产品是“1”，其他通通都是零。如果产品不好，这个“1”没有了，其他全部都将归零。

要做好产品聚焦，首先需要对企业的产品进行梳理。MBA 课程中常会教大家用波士顿矩阵工具，但其中的市场占有率、市场容量等关键要素对于不少企业来说，一方面是用不到，另一方面是很多数据不一定能够收集完整。因此，我在波士顿矩阵的基础上做了如下优化，形成企业产品梳理图（如图 6–8 所示）。

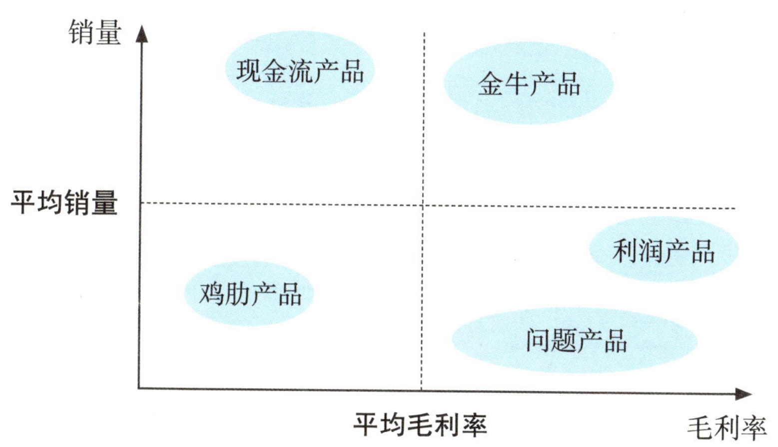

图 6–8 企业产品梳理图

产品梳理图这一工具中有关键的两个因素，也俗称“两杆秤”：第一杆秤是平均毛利率；第二杆秤是平均销量。通过“两杆秤”构成四个象限。

在具体运用上，通常在每个年度末可以做一次产品梳理，通过梳理将企业的产品归纳分为五种类型：一类产品毛利率高，销量也高，是金牛产品；二类产品毛利率低，销量高，是现金流产品；三类产品如果毛利率高但销量不高，则是利润产品；四类产品毛利率高，销量极低，是问题产品；五类产品毛利率低，销量也低，是鸡肋产品（如图 6–9 所示）。

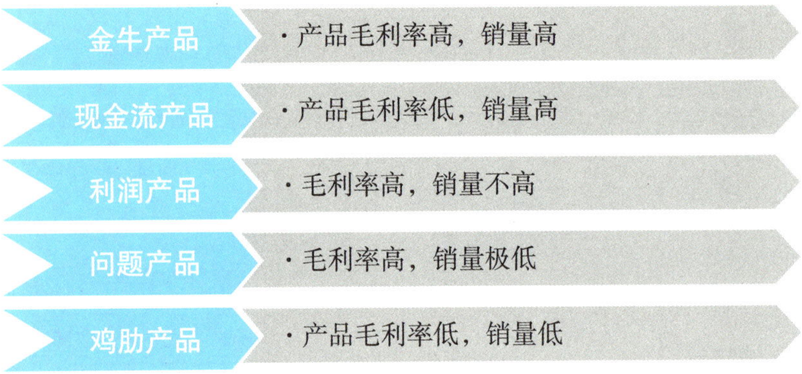

金牛产品	· 产品毛利率高，销量高
现金流产品	· 产品毛利率低，销量高
利润产品	· 毛利率高，销量不高
问题产品	· 毛利率高，销量极低
鸡肋产品	· 产品毛利率低，销量低

图 6–9　企业产品的五大类型

进行产品梳理之后，针对不同产品，相应的营销策略和打法也不一样。企业在这一阶段需要考虑的是，如何结合不同类型产品的特点来开展差异化的营销策略。通常，针对以上五种不同类型的产品可以采取以下策略（如表 6–1 所示）。

表 6-1 企业针对不同类型产品的差异化策略表

产品类型	特点	差异化策略
金牛产品	产品毛利率高，销量高	保持优势，推出差异化的近似产品，做大销售份额。
现金流产品	销量高，利润低	推出利润较好的升级产品，以避免这个品类的占比太大，提高利润贡献。
利润产品	销量不高，利润高	通过营销推广手段提高销量。
问题产品	销量极低，利润高	市场培育、尝试推广或保留现状。
鸡肋产品	销量低，利润低	坚决淘汰，利用现有的其他四类产品对其现有消费者分析并予以转化。

二、客户聚焦

运用企业经营第二维的客户聚焦主要是解决企业“挣谁的钱”的问题。

或许，提到这里，很多企业经营者和管理者会不由自主地发出疑问：企业要赚的不就是客户的钱吗？然而，如果我们把“客户”两个字更细化时，例如，哪些客户、这些客户属于什么类型、针对他们可以采取怎样的操作……此时，真正能回答上来的人却寥寥无几。

这也是在传统管理模式下经常会遇到的一个问题：很多企业往往并不太清楚自己的客户是谁，也不清楚客户的类型。

面对这一情况，与产品聚焦一样，企业经营者和管理者都应该回到企业经营的原点，去思考一个问题，即如何对客户进行有效细分，以针对不同客户采取不同策略。在客户聚焦上，首先要思考目标客户群体是谁，然后再思考我们为目标客户群体提供的服务和商品是否有吸引力……

● 案例 3

作为快递行业里独树一帜的企业，成立于 1996 年的德邦（DB）物流面对顺丰和四通一达（指申通、圆通、中通、百世汇通、韵达五家民营快递公司的合称）包揽市场的局面，走出了属于自己的一条路。

提到德邦物流，绝大多数人对其印象最深的莫过于大件货物运输。其实这一项业务最初并不是德邦物流的核心业务，其来源是“零担物流”。

德邦物流之所以发现这个领域，是因为其在服务客户的过程中准确地看到了用户的痛点，并看清了细分的用户群体。起初，德邦物流在从北京到上海的物流线路中进行尝试，通过拼单模式，将物流过程中的资源充分利用起来。

德邦借此打开了大客户的大件货物物流市场，与四通一达进行差异化竞争。例如，同样一件 50 公斤的货物，德邦物流的收费标准从北京到上海的价格在 130 元左右，时间大概要两天，而同样 50 公斤的一件货物交给其他物流公司，标价高达 500 元，物流时间比德邦还多出一天……

2018 年，德邦物流在全国已经形成 1 万多个网点，客户数量突破 13 万，营收也突破 200 亿元。

● 案例 4

浙江义乌有一家专做塑料吸管的日用品公司。尽管吸管行业是低利润、不赚钱的行业，通常情况下，几百支吸管可能只赚几分钱。但这家企业面对肯德基和麦当劳的大量订单，却敢于以“产品不赚钱”的理由拒接。

因为这家企业专门针对不同的用户开发不同的产品，是全球吸管行业的标准制订者和标准发布者。例如他们研发了情侣吸管，专门给小情侣用，这种吸管能让小情侣在咖啡馆或者喝饮料时有卿卿我我的浪漫感受。

针对儿童和婴幼儿的用药困难，该公司投入资金研发了一种专门用于婴儿喂药的吸管。因药是苦的，孩子不想喝，如果父母能在喂糖水或饮料的同时有个像打点滴一样的吸管把药从糖水旁边滴进孩子嘴里，小孩子就能开心地把糖水喝了的同时把药也喝了。

针对八九十岁牙齿掉光的老年人该公司研发了杜绝回流的吸管，因为老人喝稀饭、粥等之类的液体存在含不住的问题，会直接往下流。

针对各个不同年龄段的客户群体，公司研发的吸管有 40 个品种，最贵的吸管可以卖到 12 元，利润非常高。

德邦物流和吸管企业正是通过对客户的细分，找到了真正属于自己的客户。任何企业都需要像德邦物流一样，在完成产品梳理和聚焦之后，还要对客户进行有效的梳理，这时候可以借助客户梳理矩阵图（如图 6–10 所示）。

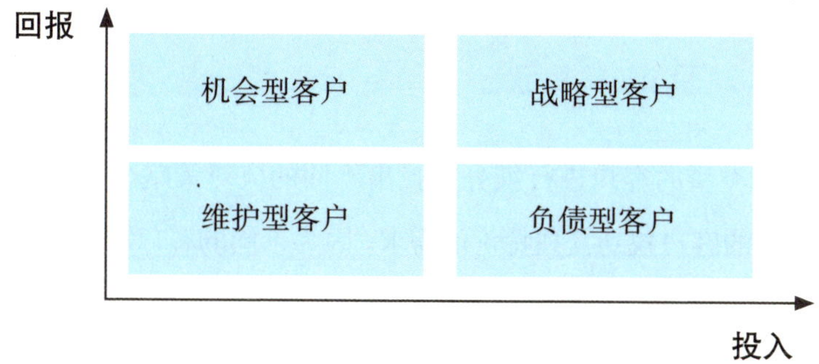

图 6–10　企业客户梳理矩阵图

其中，横坐标是投入，纵坐标是回报。通过客户梳理矩阵，我们可以将客户分为四类：一是投入大回报高的客户，叫战略型客户；二是投入少回报高的客户，叫机会型客户；三是投入大回报低的客户，叫负债型客户；四是投入低回报也低的客户，叫维护型客户。与产品聚焦一样，针对不同类型的客户也要采取不同的策略（如表 6–2 所示）。

表 6–2　企业针对不同类型客户的差异化策略表

客户类型	特点	差异化策略	原因分析
战略型客户	投入大回报高	不断地投入	这类客户是企业最需要关注的，是企业的生存命脉，不能轻易失去，一旦失去对企业而言是要伤筋动骨的，所以要常常维护，时刻关注客户需求。
机会型客户	投入少回报高	加大投入，将其转换成战略型客户	对这类客户来说，一旦其找到合适的替代产品，企业就有可能面临客户流失的情况，所以必须加大此类客户的投入。
负债型客户	投入大回报低	筛选或淘汰	根据企业实际情况砍掉。
维护型客户	投入少回报少	维持 / 淘汰	根据企业业务量的波动情况来定，如果公司业务平稳，就直接砍掉；如果业务忽高忽低，维持即可。

在对不同类型的客户进行细分并找出不同的应对策略之后，我们还需要针对不同类型的客户找到其独特价值需求。因为不同的客户需求是不一样的，就好比买衣服的时候，女性客户与男性客户的需求是不一样的。所以，我们还需要了解不同类型客户的独特价值点。通常来说，客户购买产品主要是为了满足商品价值、精神价值和资本价值三种需求（如图 6–11 所示）。

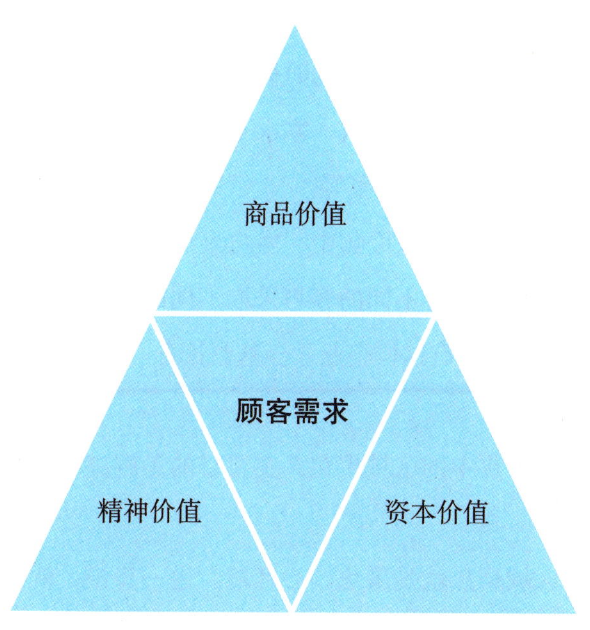

图 6–11　顾客购买产品的三种需求

1. 商品价值

商品价值指的是顾客购买这个产品而获取产品的使用价值。这是所有商品的基本属性，是所有需求的基本，即该商品所具备的物理属性及功能。

2. 精神价值

精神价值指的是顾客在购买商品的时候，要求产品不仅要满足基本的使用价值，还能给自己带来精神愉悦的感觉。奢侈品消费经久不衰正是源自顾客对于精神价值的关注。这个需求层次的客户除了关注商品的基本属性外，更关注商品所带来的精神层面的满足感、愉悦感，因此这部分客户愿意为此多付出金钱成本。

3. 资本价值

资本价值指的是顾客购买商品的时候，将其增值空间作为决定最终是否购买的第一因素。通常来说，在这一需求下客户更关注商品的增值空间、收藏价值，例如艺术品、名画、古董等。

总之，在企业经营的三维聚焦中，客户聚焦最关键的就是清楚企业的定位后对客户进行梳理，针对不同的客户采取不同的应对策略。牢牢地将客户锁定在自己的手心里，只有这样企业才会基业长青。

三、区域聚焦

企业经营三维聚焦中的区域聚焦，主要目的是解决企业“到哪里赚钱”的问题。

顾名思义，区域聚焦就是聚焦核心区域。进一步说，就是明确主战场在哪里，以避免企业毫无章法地四处出击，同时更要关注向主战场提供何种资源才能获得更高的市场份额。

● 案例 5

成立于2006年的深圳传音公司目前拥有中国所有手机品牌中全球出口量最多的手机品牌。其销售的对象和主要市场都不在中国，公司聚焦的核心市场区域是非洲。

之所以这样布局，是因为在产品上线之前传音公司捕捉到一点很重要的信息，就是黑人拍照。因为黑人皮肤全黑，拍照完全看不清楚，所以传音公司就看到了这个空白市场，通过补光技术专门研发了一款针对黑人拍照的手机。

2016年上半年，传音公司的手机出口量是3286万部，位列中国所有品牌第一；2017年的出口量是1.3亿部。如果按照每部手机售价1000元来算，其销售额为 1300 亿元。

据 IDC 数据显示，2017 年传音旗下各品牌手机在非洲市场的总份额排名第一，在全球市场的手机销量排名第四。

传音公司之所以发展迅速，正是因为通过产品实现了核心市场区域的聚焦，将非洲锁定为核心市场区域的战略决策很好地避开了与对手在其他区域的竞争。正是这种对市场的深耕和聚焦让传音这个手机品牌成为非洲黑人心目中的第一品牌。

区域聚焦不仅让传音在产品上选对了方向，也在市场上确立了核心优势和区域，与之相随的是对企业经营来说最好的回报——企业的大利润。

正如抗美援朝中时布莱德利所说："我们在错误的时间、错误的地点打一场错误的战争。"企业经营者对区域的聚焦可以有效地避免企业在错误的地点与竞争对手短兵相接甚至折戟沙场。

企业在区域聚焦上需要关注三个方面（如图 6–12 所示）：一是市场规模；二是增长潜力；三是竞争态势。因为不同区域的市场规模是不一样的，其增长潜力和竞争态势也是不一样的。

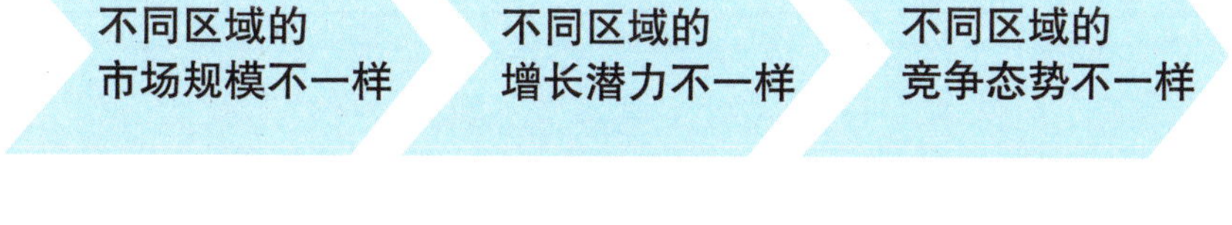

图 6–12　区域聚焦分析的三个要素

总的来说，企业经营的三维聚焦能够有效地帮助企业通过产品、客户、区域三个维度，快速找准企业经营的核心战略和策略，它们如同企业赚钱的三把利剑，让企业在与对手展开竞争的过程中能够充分地扬其所长、避其所短，打造自己独特的经营优势。同时，也为下一步通过三重业务链分析为企业制订经营的“长寿秘籍”打下基础。

经营的“长寿秘籍”

思考

企业战略的本质就是实现基业长青。如何做到?

对于企业来说，想要实现企业经营的大利润，除了企业经营定位和企业经营三维聚焦，还要关注企业战略的本质。正如我们在中国民营企业经营“六大殇”中提到的那样，企业经营的本质从短期来说是“不死”，从长期来说则是实现基业长青。

但随着企业经营环境和商业环境的不断变化，如今的世界错综复杂，瞬息万变，商业模式更是层出不穷。在迭代与创新中，企业面临的可能是振翅高飞的机遇，也可能是一蹶不振的深渊。

但无论企业外部的环境如何变化，企业经营的本质、战略的本质却是不变的。对于企业经营者来说，实现企业经营的基业长青需要从两个方面着手：一是认知并了解企业的三重业务链及其规划；二是结合企业发展的生命周期识别不同业务链。

一、三层业务链规划

如图 6–13 所示，要进行三重业务链规划，首先需要对企业的三层业务链进行了解、分析和构建。

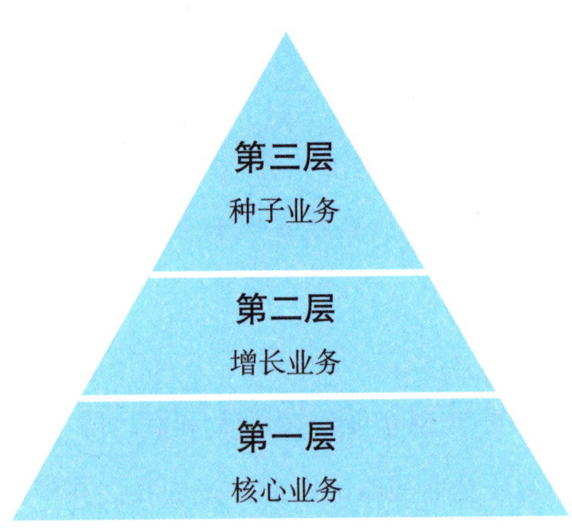

图 6–13　企业业务链规划的三个层面

1. 核心业务

对于企业来说，核心业务是企业现阶段赖以生存的基础。具体来说可以是为企业带来大量现金流、足够利润的产品、业务、服务，也可以是经营模式。核心业务不仅能让企业在当下维持生存和经营，而且能让企业活得比较体面。

核心业务可以为企业的生存做出巨大贡献，是企业被用户接受并认可的产品，在用户中享有一定的声誉，具备一定的市场品牌价值，也是企业在行业内、市场上的立足之本。

2. 增长业务

由于核心业务有一定的生命周期，核心业务被市场淘汰只是时间的问题。那么，企业如何规避因核心业务慢慢被市场淘汰而造成的“青黄不接”呢？企业在核心业务发展的同时，应该趁着企业人力、财力、物力充裕的时候积极构建第二层业务，即增长业务。

【小巴提示】

要实现企业基业长青，需要对自身业务进行核心业务、种子业务、增长业务三重业务链进行构建重组。

所谓增长业务，指的是眼前还不能够给企业带来大量的现金流和利润，但却一直处于良性增长，并且在未来3~5年可能成为新核心业务的业务。因此，企业对相应的产品线应进行必要的投入和支持，促使这类业务从增长业务上升为核心业务，为企业创造新一轮的增长。

3. 种子业务

企业要想基业长青，除了要关注核心业务、增长业务外，还必须站在更高的角度思考企业的未来，因此对种子业务的构建也必不可少。种子业务是企业未来8~10年乃至更长一段时间的业务规划。

企业业务链的构建如果用一个形象的比喻，可以说，核心业务是“吃”，增长业务是“看”，而种子业务就是“想”。如果把三个字串成一句话，企业基业长青的“核心秘籍”就是要学会“吃着碗里的，看着锅里的，想着地里的”。只有构建起生生不息的产品、业务、服务，构建一个生生不息的业务链系统，才能让企业长盛不衰，实现永续经营。

二、业务链识别

在企业业务规划的过程中，我们不仅要考虑每一个业务链自身的特性，还要考虑到它们之间的共性特征。仅仅追求降低成本的企业是无以为继的，一定要从产品和业务的角度去规划业务链。对于企业经营者和管理者来说，企业导入阿米巴经营模式后，在进行组织划分前要对以下问题进行思考并梳理：

· 公司有哪些核心业务？哪些增长业务？哪些种子业务？
· 每一项业务正处于生命周期的哪个阶段？
· 每一项业务有没有给公司创造利润？

无论是企业的经营还是人生的经营，都有着其循环往复的规律和生命周期，企业业务和产品的发展更是如此。

如图 6-14 所示，通常情况下，处于胎儿期到青年期之间（即 P1 到 P5 阶段），阶段的业务并没有为公司赚钱。阿米巴的组织划分中通常将这个阶段定义为 SDU（即战略发展业务单元，Strategy Development Unit）。在业务链的三种类型中，增长业务和种子业务都可以称之为 SDU。

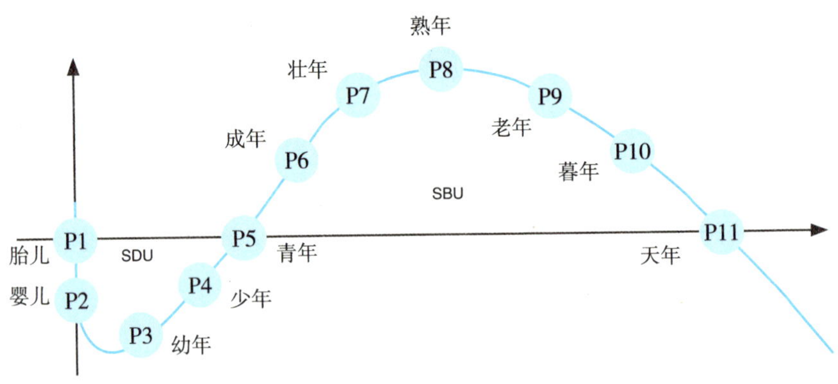

图 6-14　企业业务的生命周期

与 P1 到 P5 阶段不同的是，从 P5 到 P11 阶段的业务单元通常定义为 SBU（即战略事业单元，Strategy Business Unit），也可以叫利润中心或利润单元，在三种业务链中与其对应的是核心业务。

总的来说，企业经营的“长寿秘籍”取决于企业的产品、业务、商业模式是否能延续，构建核心业务、增长业务、种子业务以及从价值链维度来确认阿米巴的业务单元划分，都是为了企业能够持续不断地孕育出新的有价值的产品、业务。

同时，在阿米巴组织划分中引进 SDU、SBU 两个概念也能帮助企业在核心业务处于上升阶段时顺利构建种子业务和增长业务。尽管，企业产品和业务的生命周期有限，但通过业务链规划可以实现核心业务的第二曲线、第三曲线、第四曲线……只有如此，企业的经营和发展才能延绵不息。

Amoeba
Auto-Operation

｜第七章｜ CHAPTER 7

“人人都是 CEO”不是喊出来的

阿米巴经营模式之外动力系统

思考

阿米巴经营模式追求的是“人人成为 CEO”，那么第一步就是让员工像老板一样思考，要实现这一目的可以从哪些方面着手呢?

对于阿米巴经营模式的导入，企业经营者和管理者都希望其能够在企业中成功落地实施。然而，愿望虽然很美好，但真正实现起来却并不那么容易。

企业经营者和管理者应该重视的是，企业对阿米巴经营模式的导入，在经营角度上是出于对企业经营本质——赚钱的追求；在组织内部系统的角度上，是通过阿米巴经营模式为企业重建一整套经营机制；而在“人”的角度上，则是追求“人人成为 CEO”。

然而，这里的“CEO”并不是喊出来的，要想实现这一目的，企业必须解决三个问题。

如图 7-1 所示，阿米巴经营模式所追求的“人人成为 CEO”，实质就是对企业中“人”的动力的打造与提升，这里的“人”具体到企业中，就是推动企业经营的每一个员工，对其动力的打造与提升好比激活引擎的过程。

心动力系统 + 源动力系统 + 外动力系统

图 7-1　阿米巴经营模式落地的三力模型

想要发动引擎，需要相应的引擎构造出各种零部件，共同组建成一整套引擎设备。这就好比企业中的系统机制、管理机制、组织架构等的建设，对应到阿米巴经营模式落地中，就是在企业中构建一套迫使员工像 CEO 那样思考的“外动力系统”。

发动引擎，掌管着“打火”功能的火花塞是关键，如果不从内部点燃火花塞，即使外部的零件再协调和推动也无济于事。这就好比员工意愿度的提升和引导，对应到阿米巴经营模式落地中就是“心动力系统”。

引擎发动后，要想推动汽车向前行驶，还需要进行非常重要的一种反应——混合物爆炸燃烧，只有这样，才能将热量转化成汽车行驶的动力。这就好比对企业员工的激励，只有这样，才能不断激发出员工的潜能，促使其为企业创造更多的贡献与价值。对应到阿米巴经营模式落地中就是“源动力系统”。

接下来，让我们先来看看外动力系统如何构建，阿米巴经营模式中的外动力系统打造，主要是从外部为员工建立一整套工作的系统机制和组织经营环境。对应到阿米巴经营模式的具体实施中就是阿米巴经营模式构建的三大动作——组织划分、独立核算、内部定价。

通过“组织划分、独立核算、内部定价”三大动作，在企业中搭建起阿米巴经营的组织结构、流程框架和运营标准，为阿米巴经营模式落地奠定了基础和前提条件，也为员工的外动力系统建设添砖加瓦。

一、组织划分

阿米巴组织划分是阿米巴经营模式得以顺利开展的前提。在阿米巴组织划分的过程中，从组织划分前期准备到组织划分原则，再到组织划分维度和步骤，都能够很好地为企业打造外动力系统提供动力和支持。

1. 阿米巴组织划分前期准备

在阿米巴组织划分之前，“核心业务、增长业务、种子业务”三层业务链对企业战略的梳理为整个企业的经营指明了方向，从根本上解决了企业的长期经营问题，也为后续阿米巴目标制订和分解做好了充分准备，让企业上下有目标、有方向。

2. 阿米巴组织划分原则

需要基于“能够独立核算、有自己的营收和利润，能够自己完成独立一项业务，能够执行公司的目的与方针”三个原则。这就决定了在阿米巴经营模式下，每一个阿米巴单元都要独立核算并对营收和利润负责，能负责独立业务并执行企业的目标。

3. 阿米巴组织划分维度和步骤

阿米巴组织划分是有组织、有计划地进行，最终将整个企业划分为一个个独立且完整自主的小组织单元，并形成以用户为中心的阿米巴组织架构，通过化繁为简，让组织内部的流程和运作顺畅、高效，有效地告别了传统管理模式下因为组织结构冗繁而带来的官僚和形式主义。

4. 阿米巴组织结构

小组织单元经营管理简单化，成员少，相互间很了解。不管是企业经营者还是管理者，对经营状况都了如指掌，能够及时发现并解决可能存在的问题，让所有员工参与阿米巴单元的业务经营中，充分发挥潜能，从而激发员工的积极性和主观能动性。

总之，阿米巴组织划分的目的是参与阿米巴单元的经营，进而推动企业上下全员的经营参与。

二、独立核算

独立核算系统是基于组织划分的基础上，让每个阿米巴都清楚本巴对公司的贡献，是阿米巴经营模式得以有效实施的有效工具。通过这个工具，每个阿米巴单元都有自己的收入和利润，每个巴的每个成员都会对自己的部门承担起相应的经营责任。独立的核算系统使企业、巴长、员工都能充分了解经营状况。

独立核算应用的关键在于，通过阿米巴经营会计的引入让每个阿米巴单元建立起一套与自己相关的阿米巴经营会计报表。在这一过程中，通过阿米巴经营会计报表的数据收集、数据关系解读、数据核算等步骤的实施逐渐培养企业上下所有人的经营能力。

1. 企业经营者和管理者

能够在第一时间了解整个企业经营的四大损益，即公司损益、团队损益、产品损益和个人损益。阿米巴经营会计报表的导入让企业经营者和管理者对每个阿米巴单元的经营数据都了如指掌，并以此迅速调整经营和作战策略，帮助员工日益精进。

2. 阿米巴单元内部成员

由于阿米巴经营会计报表在本身的设计上能够让每一个员工都能轻松看懂并掌握，因此避免了传统会计报表因为专业门槛的限制而难以普及和推广的局面。而在报表数据关系上，

【小巴提示】

外动力系统逼迫员工像老板一样思考——对应的阿米巴模式内容则是组织划分、独立核算、内部定价，这套系统迫使员工像老板一样思考。

通过销售额、变动费用、边界利润、固定费用、经营利润这五大经营的基础核心数据，将整个企业和每个阿米巴单元的每一笔费用都囊括其中，能够真实、快捷地反映企业经营的状态和质量。

同时，结合日常经营管理中对阿米巴经营会计报表数据的收集、制作与核算，员工也在潜移默化之间具备了企业经营意识，能够及时发现目标和现状的差距，从而采取有效的措施。

以日航为例，在稻盛和夫的阿米巴经营模式导入之前，由日航飞行中心为每条航线提供飞行员、乘务员，但作为一个辅助性的支持服务部门，飞行中心并没有自己的收入，更不可能独立核算。

而在稻盛和夫导入阿米巴经营模式的独立核算体系之后，飞行中心按照提供给每条航线的飞行员、乘务员人数进行相应的计费，从而产生内部交易收入。同时，通过阿米巴经营会计报表实现了阿米巴单元收入、成本、费用等项目的独立核算，一张经营报表可以透视整个巴的营收状况。

正如引头麻实在《日航重生》一书中所述："稻盛和夫在日航每月都会召开一次业绩报告会，约 30 名董事逐个站在他面前，说明当月的计划、业绩及下月的前景，答不出问题的将遭到劈头盖脸的批评。独立核算制度运用到了日航的每一条支航线当中。每条航线、每个航班的收支盈亏情况必须及时反馈。"

总的来说，阿米巴经营模式下的独立核算通过导入阿米巴经营会计报表，让员工从一看就懂的报表开始逐步关注企业的经营数据，进而引发对企业经营数据、经营利润的深度思考。而员工在这一过程中，通过经营数据的收集、报表制作和核算等举措，对企业的经营现状进行充分的了解，为企业的下一步经营和发展积蓄了势能和动能。独立核算的阿米巴经营报表弥补了传统企业经营模式的欠缺，传统的企业经营模式下员工对企业经营几乎没有知情权的情况得到了有效改善，以往员工无从参与经营、只能被动工作的局面也得以终结。

所以，独立核算系统提供了企业员工参与经营的途径，也是阿米巴经营模式外动力系统的必要构成部分。

三、内部交易

在阿米巴经营模式中，内部交易可以说是非常重要的一环，直接关系到阿米巴经营模式最终能否达成。对于阿米巴经营模式而言，内部交易最重要的作用就是设定游戏规则。也就是说，在阿米巴组织划分完成、独立核算体系确立之后，企业的阿米巴经营到底按照什么规则来进行，按照什么标准来检查、对照，全都与内部交易相关。

阿米巴经营模式下的内部交易从内部交易关系、内部定价和结算单元三个方面，将企业的阿米巴内部交易模型、定价体系以及结算方式都梳理到位，并将企业内部各部门之间关系链打通，让不同部门之间充分协作，让不同的部门成为“一条绳上的蚂蚱”，让每一个部门都能扛得住市场的压力。

1. 交易关系

交易关系的确立让不同阿米巴单元之间比以往联系更加紧密，交易关系的紧密关联让不同部门不仅关注彼此目标的达成与实施，还更加关注相互之间的目标协同性和整体性，也为阿米巴经营的内部交易奠定了基础。

2. 结算单元

结算单元的确立让企业内部不同阿米巴单元之间的交易关系和途径清晰可见，有效避免了传统管理模式下企业内部不同部门之间因为经营收入或利益分配不均等造成的内部竞争和利益冲突。

通过确立结算单元，让企业上下目标统一、行动统一，在企业战略达成实现的步调上也能保持一致。

3. 内部定价

内部定价将直接关系到阿米巴经营模式的成功实施。无论是阿米巴组织划分还是独立核算，其最终目的都是让每一个阿米巴单元对自己的营收数据（经营利润）负责，而数据基于定价产生。

不管是阿米巴经营模式的内部定价方式，还是内部定价的相关公式，或是内部定价的假设前提，其最终指向都是唯一的——让企业上下按照统一标准，公平合理地设定游戏规则，进而实现企业上下标准和考核的统一。

总的来说，阿米巴经营模式下的阿米巴组织划分、独立核算和内部定价打造了一个完善的外动力系统。同时，在传统管理模式的基础上实现两大突破：一是解决掉员工被动工作、不思考的习惯；二是通过在企业内部构建起一套健全的评价机制系统，通过这套系统迫使员工像老板一样去思考，进而使所有人的思想、行动都全身心地投入到企业的经营之中，这也是“人人成为 CEO”的必要条件。

阿米巴经营模式之源动力系统

思考

企业经营仅仅依靠外动力系统支撑是远远不够的，怎样保证员工既能像老板一样思考，又能有意愿去做？

外动力系统只是解决了阿米巴经营模式运作机制的问题，是一个迫使员工像老板思考的体制。与变革同理，在企业经营的过程中，同样是哪里有压迫，哪里就会有反抗。所以，要保障阿米巴经营模式这种运作机制能够发挥功效乃至上升到理想高度，在打造外动力系统的基础上，企业经营者还需要打造另一个上层建筑——源动力系统。

● 案例

《日航重生》一书中有一段关于稻盛和夫的描述：稻盛和夫入驻日航后发现日航文化相当官僚，为了重塑日航的企业文化，稻盛和夫亲自去到日航的一些机场。在机场，他总是对处于一线的飞行员、乘务员、维修人员、机场员工等工作人员进行激励：“客人能看见你们的心，你们的待客态度决定了他们下次是否还会乘坐日航航班。”

不仅如此，稻盛和夫在入驻日航的同年8月还专门成立了筹划并制订日航哲学的“日航哲学研究委员会”；9月又成立了专门负责实际工作的团队——日航哲学策定小组。

日航在推行这些新的经营哲学、经营理念、重塑企业文化措施时，面对着极大的阻力，而稻盛和夫则展现出作为企业领导人最强势的一面。将日航上下整个企业认同的“员工的幸福才是第一位”的理念作为新的企业经营哲学。

稻盛和夫在日航推行的一系列举措最终被事实证明是正确的，而日航也随着企业文化的重塑发生了翻天覆地的变化。同样，在由稻盛和夫自己创立的京瓷公司，其社训“敬天爱人”也是稻盛和夫一直提倡的企业经营哲学。

何谓“敬天爱人”？这个词最初出自“明治维新三杰”西乡隆盛的《西乡南洲翁遗训》。其中，“天”就是道理，合乎道理即为“敬天”，意思是要按事物的本性和客观规律做事；而“人”是自己的同胞，要以仁慈之心关爱众人，即做人做事时要有利他之心，利他就是“爱人”。

阿米巴经营模式是稻盛和夫独创的企业经营模式，这一经营模式将稻盛和夫对于哲学的深刻理解应用到企业的经营之中。

纵观世界500强企业，无论是家族企业还是非家族企业都有着一套属于自己的经营哲学和企业文化，有自己的愿景、使命感和价值观。相对来说，中国的民营企业在这一方面整体上还有诸多不足。阿米巴经营模式下的企业源动力系统打造正是解决“让员工有意愿去做”的问题，而打造源动力系统的关键正是阿米巴经营模式本身。

所以，想要阿米巴经营模式推行成功就必须塑造企业的经营哲学——源动力系统。在打造之前我们需要清楚稻盛和夫的经营哲学主要分为三个层次：

为人何谓正确、提高心性、企业经营的哲学（如图 7–2 所示）。

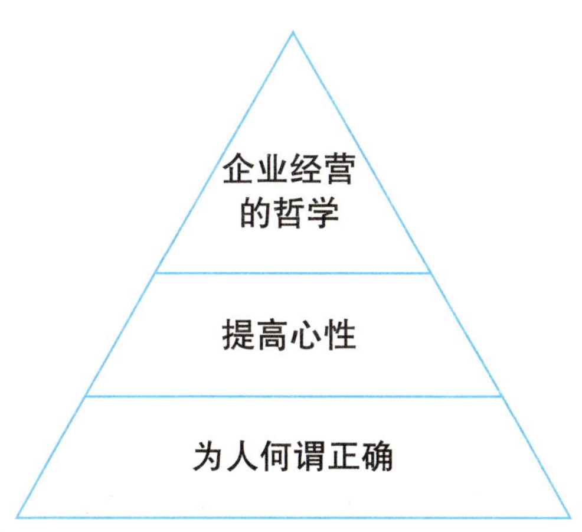

图 7–2　稻盛和夫先生经营哲学的三个层次

一、为人何谓正确

为人何谓正确即做人应该做正确的事情，这是稻盛和夫对经营企业一个最基本的思考。不管你今天做一个老板还是做一个企业家，是做一个员工还是做一个父母，首先都要思考一个问题——活在这个世界上，我怎么做才叫“正确”。

这个答案对于每个人都会有不同的标准，但是有一个标杆可以测量我们对言行的判断是否正确，就是看我们的所言所行是否“利他”。每个人必须每天进行反省，企业经营者要反省自己是否把员工放在了首位，所言所行是否帮助到了员工、客户、合作伙伴。员工同样也要反省，自己每天的所言所

【小巴提示】

源动力系统就是建立一套经营哲学，用企业文化来引导员工往正确方向思考和发展，明确工作开展对员工发展与企业发展的好处。

行是否有利于公司、客户。只要是抱着“利他”这种“爱人”的方式，一心一意地努力付出，肯定能够获得属于自己的真正的成功。

企业经营者把员工的利益和感受放在首位，员工把公司和客户的利益和感受放在首位，这便是成功的企业经营法则，它不只应用于企业经营，同样适用于经营人生。做人正确就是经营自己的人格。

二、提高心性

一个人要具备正确的认知：人生的成功方式 = 思维方式 × 热情 × 能力。思维方式主要是提倡积极正面的思考，杜绝消极负面的思考。人的一生很难一帆风顺，总会遇到一些坎坷和不平之事，这时，正确的思维方式会让人很快走出困境，而错误消极的思维方式会把人拖入思想、行为的黑洞，无法自拔。

所以，提高心性就是要具备正确认知，学会从人生的一开始寻找自己的人生目标，通过对生活的热情、激情化解万难，找准自己的人生王道，固化自己的精神境界。在生活和工作中不断挖掘自己的做事潜能，在遭遇任何困难时能够积极应对。

稻盛和夫在《活法》这本书里将如何提高心性写得尤为详细——以善良之心指导言行，凡遇人遇事思考正面，让身体和灵魂合而为一，通过自己的行为努力充分提升自己的做事能力，最终达成自己的愿望。

三、企业经营的哲学

这个层次已经从个人层面提升到组织层面，而企业正是最常见的组织。企业自己的经营哲学是确保企业能够持续经营的基准。关于企业经营哲学，稻盛和夫主要阐述了六个方面（如图 7-3 所示）。

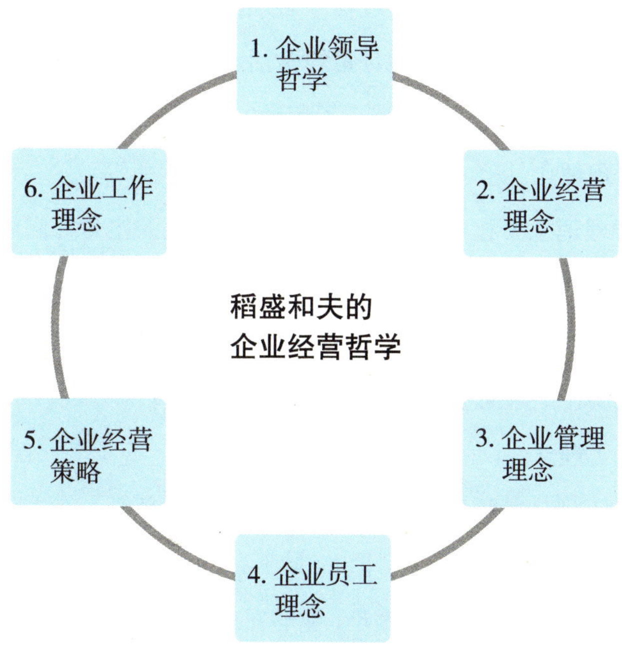

图 7–3 稻盛和夫企业经营哲学的六个方面

1. 企业领导哲学

企业领导哲学即企业的领导一定要成为一名广受敬重的企业领导者，对企业管理者的选拔应重视德才兼备。领导者的言行举止是表率，领导者的日常言语和行为要体现和传递出企业经营理念和企业经营准则，要做一个有德有才的领导者。

2. 企业经营理念

企业一定要有正确的经营理念，每家企业都应该树立远大而崇高的目标，例如，给世界的发展添砖加瓦、为全人类谋福祉等。每个企业都要有自己的战略愿景和使命，在企业的经营过程中必须严格遵守并予以坚持。同时，要将愿景和使命一一落实到企业的日常经营活动中，制订具体的可实现的一个个小目标，目标不能光在空中飘着，不落地。

3. 企业管理理念

企业的管理理念要让每个员工都能够成为企业的主角，阿米巴经营模式就是阿米巴经营哲学的最好体现，通过划小组织单元，让员工成为企业经营的主角。在管理过程中遵循系统化原则，例如阿米巴经营模式去除了传统企业的官僚层级制，更倾向于员工自治式的管理。

4. 企业员工理念

企业的员工理念是稻盛和夫经营哲学最重要的部分，企业经营要充分尊重、信任员工。重视员工的利益诉求，让员工有归属感、成就感、幸福感。同样，员工在工作中要诚实守信，不畏困难，能够在工作中排除万难，追求精益求精。

5. 企业经营策略

在企业经营策略的运用上，主要是将利他策略发挥到极致，遵循这一原则展开对外经营合作，一切都要秉持着利他的态度原则进行，即产品和服务要有利于客户，与供应商、合作伙伴合作时也要秉持利他的理念。只有这样，企业才能走得更远、发展得更好。

6. 企业工作理念

在工作中，所有人员都应该要提高核算意识，以节俭为本，倾听客户声音，不断创造和满足客户对产品的需求，在工作中要尽量将复杂的事情简单化。

稻盛和夫经营京瓷和日航时都强调四个字“敬天爱人”，这也是阿米巴经营哲学的精髓。稻盛和夫不但是这种经营哲学的提出者和倡导者，也是践行者。在京瓷和日航时，每日 10 分钟的晨会有 3 分钟是让每个人谈谈对经营哲学的理解。日日如此，将经营哲学融进员工的头脑里，落实到员工的行为上，久而久之就变成了每个人的习惯，最终习惯成自然。

所有的企业经营哲学最终都会反应在员工的日常行为中，不仅要在头脑里对其进行固定，还要融入他们的骨髓，成为他们工作中不可分割的最重要部分。

总之，阿米巴经营模式的源动力系统归根到底是解决员工意愿的问题，所有企业的愿景、使命、价值观都是为了塑造员工认同感。在企业根据战略路径图一步步进行落实的过程中，就要遵循经营哲学，恪守正确的经营理念，能够做到利他思想，能够明确划分有所为和有所不为的界限。

可以说，企业经营哲学是让企业全员上下能够发自内心地认同企业和企业推行的一切制度。经营哲学能够引导员工往正确的方向思考和发展，让他们明确自己工作的开展能给自身和企业甚至这个世界带来更美好的生活，以此保证企业能行走在正确的道路上，基业长青。

阿米巴经营模式之心动力系统

思考

要实现企业阿米巴模式真正落地推行，在外动力系统和源动力系统构建之外，我们还需要做什么？

在阿米巴经营模式中，外动力系统和源动力系统的构建解决了传统管理模式下企业经营体制和企业经营哲学方面的问题。但想真正实现企业的阿米巴经营模式落地推行，这些还不够。企业经营者还需要思考第三个问题：如何将企业传统管理模式中的员工激励与阿米巴经营有效结合起来？

对于第三个问题的思考及解决，就是在阿米巴经营模式下企业对第三个系统——心动力系统的构建过程。只有实现心动力系统的打造，才能让员工心甘情愿地持续推行阿米巴经营模式，解决员工何以能坚持并持续的问题，其本质就是员工激励。

在企业激励员工的过程中，企业经营者和管理者需要思考四个问题（如图 7–4 所示）。

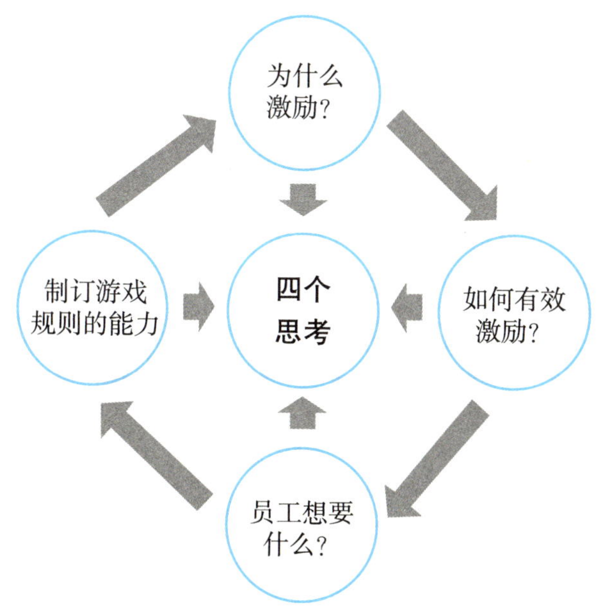

图 7–4　企业实现员工激励的四个思考

企业经营者应该明白,企业之所以开展员工激励,目的是要获取快速反馈,化解工作阻力,不是大多数人所理解的"激励就是让员工开开心心地工作",而应该是"让员工开开心心地完成工作目标"。在激励的具体实施上,企业的员工激励并不是"乱激励",而是要围绕目标来激励,才能让管理更加有效地为企业经营服务。

同时,对于企业经营中"员工表现得好不好",我们也应看到,出现这一现象的关键在于企业制度本身,因为有什么样的制度就会有什么样的员工行为。因此,企业经营者和管理者一定要掌握的技能之一是制订制度的能力,也就是制订游戏规则的能力。

而最后一个问题“员工到底想要什么”，答案也没有那么复杂。不管是企业经营者、高管还是员工，作为一个人，其需求都是相同的，都需要赚钱、获得认可。当企业经营者和管理者想清楚这个问题之后，需要做的也很简单——成就员工。因为只有员工在工作中有成就，团队和企业才能取得更大的成就。这也正是稻盛和夫在企业、客户、员工三者中将员工放在第一位的根本原因。因为，只有当企业首先为员工着想，员工才会心甘情愿地替企业着想。

其实，如果我们将一个人各种各样的需求归结起来，对应到员工激励上，最后不外乎三个维度：精神激励、荣誉激励、物质激励（如图 7–5 所示）。

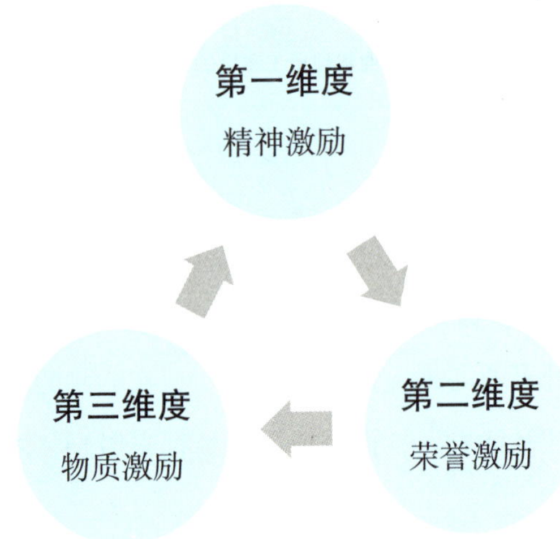

图 7–5　企业员工激励的三个维度

一、精神激励

关于精神激励，正如安东尼在《小王子》中所说：“如果你想造一艘船，不要抓一批人来搜集材料，不要指挥他们做这个做那个，你只要教他们如何渴望大海就够了。”

的确，对于一个人来说，最强的动力来自其对某件事情极度的渴望，此时能激发出人内心积极主动的意愿。所以，企业经营者首先要做的就是激发每个员工对企业未来的渴望，这就需要设立企业的经营理念、愿景、使命感和核心价值观。

其中，经营理念能够帮助员工很好地理解企业创立者的初心和对社会的价值体现；而愿景则是企业经营者为员工描绘的一个企业经营和梦想的以终为始的起点；使命感则可以帮助员工找到企业存在的价值；核心价值观则让员工清楚地知道企业“提倡什么，鼓励什么，反对什么，不主张什么”。

曾经有企业经营者和管理者曾对我说：“企业愿景、使命、核心价值观都是很虚的，根本起不到什么作用。”其实，这样想的企业管理者不在少数，但是，仔细想一想，到底是因为这些不管用，还是企业在执行落地的过程中没有真正将这些做到位呢？

企业经营者和管理者应该重视的是，稻盛和夫先生之所以受到众人尊敬，并不在于他所宣讲的哲学有多么高深，而是因为他将自己所讲的一切都切实地付诸企业经营的一点一滴中，日积月累地践行才是成功的关键。

我们还应重视的是，要想让上述企业文化富有感染力，还需要充分运用八个字：重复、故事、标杆、机制。因为精神的激励是看不见摸不着的，唯有从企业经营的日常中将其不断内化为企业内在的日常行为，才能让员工时时刻刻受到激励，并让其不断传承下去。

二、荣誉激励

身处社会中，每一个人都渴望被别人认可，都渴望受到别人的尊重及关注。因此，在精神激励之外，我们还要不断地为员工设置荣誉激励。在荣誉激励的设置上要关注以下四个原则（如图 7–6 所示）。

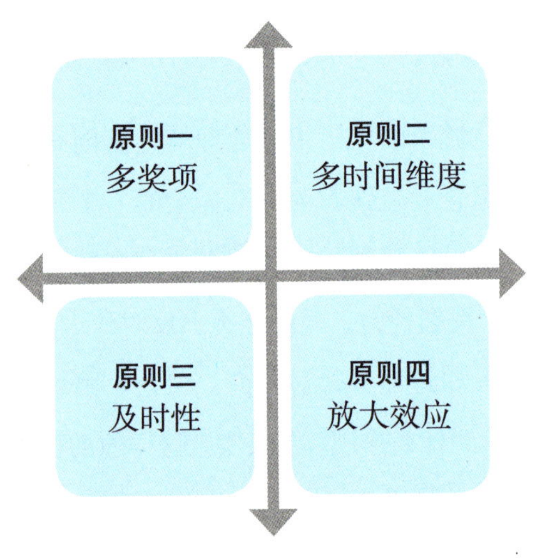

图 7–6　企业员工激励之荣誉激励设计四原则

1. 多奖项

多奖项即奖项覆盖面要广泛，如果一个千人企业每年只评定一名优秀员工，尽管这个荣誉很难得，但激励性弱并不会对没有获得奖项的员工产生良好的激励作用。

2. 多维度

为了更好地激励员工，企业必须在时间维度——年、半年、季、月、周甚至日设置荣誉奖项；在空间维度——高层、中层、基层也设置荣誉奖项；在职能维度——营销、采购、生产、设计等方面也应该设置相应的荣誉奖项。总之，荣誉激励应该多元化。

3. 及时性

不少企业在管理中经常存在这样的现象：当员工表现不好时，企业罚款非常及时，但当员工表现好时，奖励的发放却十分缓慢。对于企业经营者和管理者来说，正确的做法是：无论奖惩，都应该确保其实施的及时性。如果是一个按周进行的荣誉激励，本周的激励在下周开始就要兑现。如果是一个按月进行的荣誉激励，必须在下一个月度开始就要兑现。

4. 放大效应

企业在员工激励的实施过程中一定要学会将激励的效应放大，因为企业的员工激励并不是针对某一位员工的个人激励，而是要通过对个人的激励带动企业上下所有人。同样是奖励，有的企业会选择在公司大会的时候统一宣布，而有的企业则会选择私下“一对一”的沟通和发放。两种不同做法最终产生的效应也是可想而知的。

三、物质激励

任何企业经营的本质都是“赚钱”，但同时企业经营者还应该看到，员工之所以来到企业工作，其工作的本质是“挣钱”。尽管从人性需求的满足层次来看，我们还要鼓励员工要有发展、梦想等诸多追求，但不可否认的是，物质在所有激励中对员工来说是最基础的，也是最重要的。

在企业员工的物质激励上，传统企业和互联网企业之间有着较为显著的差别。

1. 互联网行业

互联网行业对人才的依赖度很大，通常来说，互联网行业的绩效管理有两个核心激励模式：一是合伙人制度，二是内部创业制度。

其中，合伙人制度有四种类别。第一种合伙人制度主要体现在对公司的控制权上；第二种合伙人制度主要体现在股权激励上，但合伙人没有公司控制权，只是一种身份的象征；第三种合伙人制度体现在股权激励上，合伙人可以享受利益的分红；第四种合伙人制度既是身份象征也是股权激励，重点不在于钱，而是对于公司的控制权，这种合伙人制度体现为对公司的控制权。无论企业最终采取哪种合伙人制度，都需要根据每家企业自己的情况进行，并且思考如下问题：

- 企业合伙的目的是什么?
- 设置合作制度的初衷是什么?
- 哪种合伙制度更有利于企业的发展?

在合伙人制度的运用上，大部分互联网企业绩效管理的目的是激励员工，因而倾向于采用股权激励。但在实际操作中，很多企业的股权激励最终却不了了之。究其原因，一是股权激励只是激励少数人，二是股权激励只有在企业挣钱时才有意义。

股权激励的方法有很多，诸如期权、账面价值增值权、虚拟股份、再次分红，分红回偿优先购买股份、赠予股份、技术入股、员工持股、虚拟股票、股票增值权以及限制性股票项目性股份等。每一种股权激励都有它的优缺点，适用于不同类型的企业跟人员。

相对于合伙人制度，也有一些互联网行业在物质激励上选择内部创业制度。互联网行业之所以发展这么快，正是因为互联网行业机会很多，能够发现很多商业模式跟商机。为了鼓励员工跟我们一起干，企业里可以建立内部创业制度的模式。什么是内部创业制度呢？我们来看看下面这个案例。

● 案例

一家集团性企业具有十分成熟的主营业务。在经营过程中，企业有可能从外围发现一些更好的商机或潜在商机，这些潜在商机有 A、B、C、D、E 五个机会。

在传统模式下，老板了解到这些潜在商机后便任命一个人作为新业务的负责人，然后让新业务的负责人组建团队一起做。但在实施的过程中遇到了三个问题。

第一个问题，面对新业务，不少员工跟老板提出会面临很多困难，因而不赞成、不支持新业务。

第二个问题，新业务存在虚报项目投资金额的现象，原本只要 200 万元即可的投资项目被虚报成 500 万元。

第三个问题，新业务负责人在推行过程中用的人基本上都是“心腹”，而不是有能力的人。同时，所有参与项目的人的选条都用于投票，投票结果显示团队缺乏对新项目必胜的决心。团队经常会遇到新项目“胎死腹中”，最后，大家认为这些项目的失败都归结于一个原因：老板用人不当。

从案例可以看出，这种情况下依靠传统行业的方式来处理肯定不行。企业需要通过激励，让员工抓住更多的创业机会，这样，企业才有可能将新业务顺利开展起来。所以，在具体实施上，每次在发现一个商业机会后会开展

【小巴提示】

阿米巴经营模式与股权激励最大的区别在于其激励的不是团队核心的几个人，而是全员。

内部竞赛。在这一过程中，企业经营者需要思考的是：

- 企业要做哪个业务？由谁去主导？
- 该项业务中有哪几个不可或缺的要素？
- 企业要采取什么样的方式进行投股？

基于以上思考，企业经营者可以通过内部创业大赛筛选出未来准备开展的新业务，并通过企业投资控股的方式与员工共同参股，来开展新业务的经营。这样，在为企业拓展新项目的同时，也能保留核心员工。

2. 阿米巴经营模式

阿米巴经营模式与股权激励最大的区别在于，其激励的不是团队核心的几个人，而是全员。阿米巴经营模式解决的不是股权问题，而是如何让企业赚钱的问题。只有企业赚钱，股权才有意义，员工才会受到激励。

传统管理模式下的项目组其实相当于一个阿米巴单元，而项目负责人就是巴长。但传统模式下一旦一个项目组巴长能裂变出来，那他就脱离了原来的职位和薪酬，和原来的单元就没有了关联性，他的工资收益也不会放入新的项目。

在阿米巴经营模式中，集团会为帮助巴长稳定过渡做相应的系统设置。将原来所在巴的所有收益放在新项目里面，用制度保证原有巴的稳定过渡。企业经营者在设置一个巴时需要做如下思考：

- 整个项目的持续运营周期是多长？
- 整个项目的持续运营的费用成本是多少？

· 根据整个项目的人员规划，人员的工资成本是多少？

阿米巴模式有别于传统的股权激励、合伙制度，主要根据企业的定位来设置相应的独立核算系统，然后根据经营系统设置物质分配的动力系统。阿米巴经营模式不是合伙人模式，也不是股权激励，阿米巴经营模式与互联网行业、传统行业的物质激励的区别有如下几点（如表 7–1 所示）。

表 7–1　不同模式下企业员工物质激励对比

<table>
<tr><th>行业</th><th>制度</th><th>具体描述</th><th>阿米巴经营模式的激励</th></tr>
<tr><td rowspan="5">互联网行业</td><td rowspan="4">合伙人制度</td><td>方式一：既体现身份象征，也体现股权激励，更体现公司的控制权。典型代表常见于咨询公司的合伙人资质机制。</td><td rowspan="6">1. 激励全员；
2. 解决的是如何让企业赚钱的问题；
3. 根据企业的定位设置整个经营系统，然后根据经营系统设置物质分配的动力系统。</td></tr>
<tr><td>方式二：无股权激励，也无公司控制权，只是一种身份的象征。典型代表如美国高盛公司的雇员发展通道。</td></tr>
<tr><td>方式三：主要体现在股权激励方面，享受利益的分红。典型代表如华为。</td></tr>
<tr><td>方式四：既是身份象征也是股权激励，但重点体现在公司的控制权上。典型代表如阿里巴巴的马云。</td></tr>
<tr><td>内部创业制度</td><td>通过内部创业制度，鼓励大家在现有的业务中发掘更多的商机，让整个企业产生裂变式增长，并同时维护和保留部分核心的精英人才。</td></tr>
<tr><td>传统行业</td><td colspan="2">1. 升职　2. 加薪</td></tr>
</table>

这里，我们就传统行业的物质激励重点讲解一下，对于身处传统行业的企业来说，在物质激励中有六个问题是必须要充分思考的。

在传统行业的物质激励设计中，我们需要考虑薪酬规范建立、薪酬结构建立、绩效奖金设置、超利分红分配、新进员工定薪、绩效结果运用六个方面（如图 7-7 所示）。我们就前四个因素进行重点讲解。

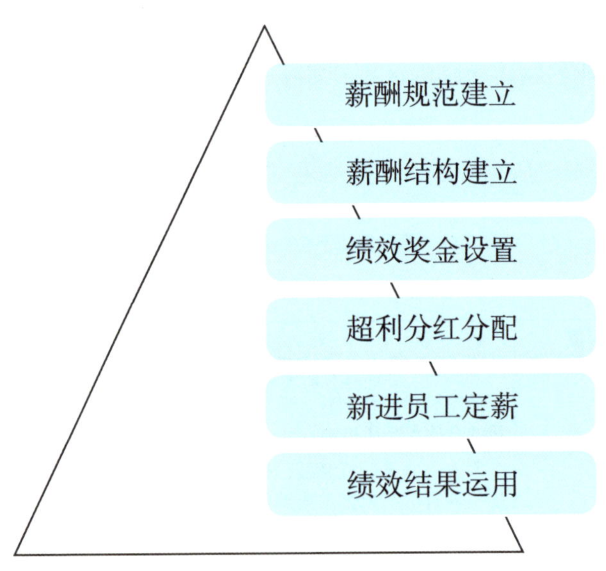

图 7-7　传统行业进行物质激励的六大必要思考

薪酬规范建立。

不管是在传统管理模式中还是在阿米巴经营模式中作为心动力系统的基础，薪酬激励模块都是必需的。在建立薪酬规范时我们必须要思考：一个员工来到公司后的起薪点和最高薪酬是多少？一个员工是否加薪取决于什么情况？员工如何晋升，晋升后的薪酬范围在哪里？

薪酬规范对协作很重要，从满足员工基本物质需求的角度讲，传统行业实现阿米巴经营模式首先要打造的是能激发员工战斗力的薪酬规范，相应的晋升通道设计也必不可少（如表 7-2 所示）。

表 7-2 企业员工晋升通道设计表

职业晋升通道	具体描述
行政通道	建立薪酬差异性的晋升通道，即将企业的所有职务包括从一线的勤杂工职员、副巴长、巴长、总经理、CEO 等设置相应的职务等级，打造一个往上升的职务升迁通道。
技术通道	建立技术的加薪和技术级别通道，即将企业的技术人员分成初级、中级、高级、资深、专家级的加薪升级通道。通过对企业产品技术的不断升级，使企业的产品能在市场立足，所以，也要给技术人员应得的物质回报。
技能通道	这是针对一些特殊职能、岗位的人员设置的加薪通道。技能是一些人员通过长时间的工作经验积累，在一些特殊或专业的领域能做到别人无法替代，例如财务、人事、法务等岗位。这些岗位基于专业相关的制度、政策等必须要有长时间的积累才能胜任。这些岗位又关系到企业经营的命脉，这些人员如果长期没有得到重视就会对公司的正常运营带来影响。因此需要不断激励他们，让他们有加薪晋级的上升通道，能够主动贡献自己的专业经验、专业智慧，为企业的生存和发展添砖加瓦。

备注：薪酬规范的建立只是一个"保健因子"，就是说，一家企业如果没有一套相对合理的薪酬规范体系，员工会非常不满意。但是，如果企业有一套相对科学的薪酬规范体系，员工也不会因此受到非常大的激励。总而言之，不能没有。

薪酬结构建立。

薪酬晋升通道设计完毕之后还需要对每一个层级岗位的薪酬结构进行规范。例如，对于总经理、部门负责人、店长、采购员等不同员工，必须通过薪酬结构让他们知道自己的薪酬由哪些部分构成。

通常情况下，企业员工的薪酬由基本工资、岗位工资、绩效工资等组成。其中，基本工资相差不大；岗位工资则根据不同的岗位进行设立，不同的岗位级别享有不同的岗位工资，要让员工一目了然；绩效工资则与绩效管理和绩效结果挂钩（如表 7–3 所示）。

表 7–3 企业不同职位薪酬结构示范表

岗位	基本工资	岗位工资	级别工资	月度绩效	单项激励	月度提成	年度绩效	超利分红	中长期激励
总经理	1600	8400	2000 元 5 级	5000	√		8000	√	√
部门负责人	1600	5400	1000 元 5 级	2500	√	√	4500	√	√
店长	1600	2400	500 元 5 级	2000	√	√		√	√
采购员	1600	1400	500 元 5 级	1500	√	√		√	√
组长	1600	1200	200 元 7 级	1000	√	√			√
基层员工	1600	450	100 元 7 级		√	√			
…									

绩效奖金设置与超利分红分配。

传统行业物质激励的绩效奖金设置通常有两种方式：一是企业从员工薪资总额中设定一定比例来进行 KPI 考核；二是在员工薪资总额中设定一定比例后，公司也拿出同等金额来进行 KPI 考核。

第一种做法，一方面推行起来较难；另一方面，不少管理者为了不得罪员工会导致制度的实施最后流于形式。而第二种做法，尽管对于员工来说可能会容易接受一些，但对企业经营者来说却不一定能够接受。

而在阿米巴经营模式下，这两种情况都很难出现。原因就在于，在阿米巴经营模式下，每一个阿米巴单元通过阿米巴经营会计都能够十分清楚该阿米巴单元的利润、单位时间附加值等指标，就是说，在阿米巴经营模式下，每个部门对公司的业绩贡献通过“经营会计报表”就已经一目了然了。

企业经营者也能够直观地看到各阿米巴单元为企业创造了多少利润，以及与以往对比新增了多少利润。因此，当通过制度设定从中拿出一定比例作为员工奖金时，企业经营者的接受度和意愿度也会大大提升。

阿米巴经营模式物质分配系统与绩效设置系统是密不可分的，物质分配系统是以每个巴创造的利润符合三条不同的界线设置的。

阿米巴模式里的基础组织划分、经营会计报表以及内部交易，会在确保公司总体经营目标保底、合理、挑战的基础上，很清晰地得出各部门（阿米巴）相应的保底、合理、挑战目标。最后根据各个巴完成的利润目标设置相应的分钱线，所有的人员都会被设置进分钱系统。

我们在前面关于阿米巴绩效奖金发放设置时举例过，阿米巴绩效奖金设置是基于每个人员的贡献值进行发放的，完全区别于传统管理模式的绩效定额和强制分布等方式。

例如，一家企业从上月超目标利润中拿出 10000 元作为其中一个阿米巴单元的激励金额。这时，就有两个问题需要我们思考：一是这 10000 元绩效奖金是怎么来的；二是这 10000 元绩效奖金如何分配。

任何企业在激励这个问题上都必须解决两个问题：

· 奖金从何而来?
· 如何有效进行分配?

其实，第一个问题在阿米巴经营模式下很简单清晰，一个阿米巴单元的奖金有如下几个维度来衡量或者计提：

- 阿米巴单元的利润目标（保底、合理、挑战）；
- 阿米巴单元的边界利润目标（保底、合理、挑战）；
- 阿米巴单元的人均利润目标（保底、合理、挑战）；
- 阿米巴单元的单位时间附加价值目标（保底、合理、挑战）。

……

总之，在阿米巴经营模式下，每家企业都能明明白白、直截了当地清楚各经营单元经营业绩的最终结果（而不是过程考核结果），因此就能很轻松地明确各经营单元的奖金来源。当然，至于各经营单元达到哪条目标线、公司愿意给出多少的利润分享是另外一个层面的问题。

对于第二个问题“如何进行阿米巴内部的有效分配”，还记得我们在第一章提到“六大殇”之一“为何很多企业每年付出了不少奖金，但员工总是抱怨”吗？这背后不完全是奖金“多”与“少”的问题，更是“分配不均”的问题。因此，前面提到了如何通过阿米巴经营模式解决奖金来源问题，同时企业管理者必须了解如何进行有效分配也是重中之重的问题。

在传统模式下，很多企业也奉行“多劳多得”，但是真正做到相对公平和科学分配的原则的企业为数不多，当然“分钱”这件事本来对经营者要求就比较高。我结合多年的企业经营、管理经营的经验，总结出了相对科学的奖金内部分配模型，如表 7–4 所示（此表仅供企业参考，因为每家企业的实际状况有差异，所以会针对不同的企业再具体设计）。

表 7-4 阿米巴经营模式下的奖金分配模型示范表

假设当期公司给予该阿米巴的总奖金是：10000 元						补充条件
编号	阿米巴成员①	岗位价值②	岗位贡献③	份额④	实得奖金⑤	
1	张三					
2	李四					
3	王五					
4	谭六					
5	刘七					
总计						

从以上模型可以看出，要想处理好员工激励奖金设计、内部分配问题必须要解决以下几个问题：奖金来源、价值差异、岗位贡献、份额和实得奖金。

· 奖金来源：从以上模型可以看出，阿米巴成员要想有奖金首先必须团结合作，共同努力经营好本部门，只有让本部门变成“赚钱的部门”，大家才有奖金可拿。

· 价值差异：不同的岗位对企业而言是有价值差异的，那么，如何通过量化让大家公认这种不同岗位的价值呢？如何来体现相对公平的数据呢？很多绩效管理模式里会提到一些，比如岗位价值评估、岗位系数、岗位工资等。

· 岗位贡献：是不是职务越高（或者说岗位价值越高）的人拿到的奖金就越高呢？传统模式下，很多企业都是这么做的。当然，不可否认岗位的价值，但是我们仔细思考一个问题：有没有可能虽然组织（阿米巴）通过大家努力拿到了公司给予整个经营单元的 10000 元奖励，但是不是每个人都有相同的贡献呢？答案显然不是。所以，我们就必须要在岗位价值的基础上明确到底是哪个岗位做出的贡献大。这就必须回到各个岗位的目标设定，从目前情况下，我们通常是把各岗位的 KPI / OKR 等考核指标当作岗位的实际贡献。如何有效设计各岗位的贡献目标在此不做一一阐述。

· 份额：基于上述岗位价值、岗位贡献两个维度，把每个岗位的这两个维度相乘就会得出各岗位的份额，从而也会得出整个阿米巴经营小组的总份额，也就能很简单地算出在总奖金 10000 元的前提下每一份额的奖金数。

· 实得奖金：基于④的基础上，用每个员工的自己的份额 × 单份份额奖金就得出了该员工的实际奖金分配额。

以上的分配模型其实给予了每家企业一套很清晰的经营、管理逻辑：

· 想获得绩效奖金——必须大家齐心协力共同经营好本部门，实现并超过公司对本经营单元的目标；

· 想获得高额奖金——员工必须努力让自己在公司的价值更高；

· 想获得高额奖金——每位员工必须在现有的岗位中，尽自己最大的努力完成自己公司下达给自己的岗位目标。

当然，这只是一套模型，每家企业都有属于自己独特的问题，在运营这个模型的时候必须结合本企业自身状况而定，千万不能“照搬照抄”。

总之，打造阿米巴经营模式下的心动力系统的关键作用在于解决员工激励的问题。通过正确使用精神、荣誉、物质三种激励，不管是传统的管理模式还是阿米巴经营模式，都能充分地将员工调动起来，这也是需要每一位企业经营者和管理者下功夫的。在具体的设置和实施上，阿米巴经营模式的心动力系统能够从根本上更巧妙地将三者融为一体。

阿米巴经营模式的绩效管理是基于经营展开的，并且是基于每个人的贡献，不是只关注优秀员工的激励。全员参与经营、全员享受超额利润分红、全员享有经营挑战所带给自己的荣誉，避免了传统管理模式下僵化的、官僚的、形式主义的绩效考评和面谈。

让企业经营的状况、每一个阿米巴单元的贡献、每一位阿米巴单元成员的贡献与收获一目了然。这就是阿米巴经营模式打造心动力系统的作用，以此让员工彻彻底底地成为企业经营的参与者。

附录

稻盛和夫经营哲学摘要

一、心性修炼

【作为人，何谓正确】

这个“作为人”非常重要。不是对京瓷来讲有什么好处，更不是对我个人来讲有什么好处。

超越单个企业和单个人的利害得失，把作为人应做的正确行为贯彻到底，光明正大，无愧于天地。

这已经成为以我为首的全体员工最根本的行动规范。

【人真正的能力是什么】

人真正的能力，应该包括抑制欲望、全力投入工作的克己心在内。

不管你有多大的能力，不能战胜自己贪图安逸之心，不肯努力奋斗，不能发挥天赋之才，从这个意义上讲，就是缺乏发挥自己能力的能力。人生如戏，所需要的能力不仅仅是脑细胞的多寡。

【成功方程式】

成功＝思维方式 × 热情 × 能力

我们在生活和经营中需要做出各种各样的判断。这个时候我们会对照自己持有的“思维方式”和“思想”进行判断。

企业经营也一样，企业业绩乃至企业寿命全部取决于是否具有出色的“思维方式”。

【“五不”人生修炼】

工作时，付出不亚于任何人的努力；

处事时，不愤怒，不嫉妒，不轻浮，更不骄傲自恣；

灾难时，不悲叹，不怨恨，不消沉，不灰心，不牢骚满腹；

幸运时，不得意忘形，不失谦虚之心；

萧条时，要有远见，要忍耐，不慌张。

【成功和失败都是一种磨难】

有人成功了，觉得自己了不得，态度变得令人讨厌，表示其人格堕落了；

有人成功了，领悟到只凭自己无法有此成就，因而更加努力，也就进一步提升了自己的人性。

而真正的胜利者，无论是成功或者失败，都会利用机会磨炼出纯净美丽的心灵。

【持续就是力量】

人生最重要的就是“持续做好一件事”，踏踏实实、一步一个脚印，持续努力地工作。把分配给自己的工作当作天职，一辈子持之以恒，努力不止。

想要获得充实的人生，这一点比什么都重要。

【人生的真谛】

我们要从内心喜爱自己的工作，付出不亚于任何人的努力，全神贯注投身于工作，通过这条道路——也只需要通过这条道路——我们就会懂得人生的意义和价值，磨砺心志，提升人格，领悟人生的真谛。

【心灵】

在人的内心中，同居着“善良之心”和“邪恶之心”。我们必须做出努力，增加自己内心的“善良之心”，减少“邪恶之心”。

不只是考虑对自己有利，还要考虑对周围的人有利。

做出努力，让自己拥有充满同情和爱的美好的心灵，那么，我们就一定能走上幸福的人生之路。

【六项精进】

付出不亚于任何人的努力；

要谦虚，不要骄傲；

要每天反省；

活着，就要感谢；

积善行，思利他；

不要有感性的烦恼。

二、经营哲学思考

【企业最重要的使命】

鉴于员工将自己的一生都托付给公司，所以公司有更重要的目的，那就是保障员工及其家庭的生活，并为其谋幸福，这是企业最重要的使命，也是每位管理层的责任和使命。

所以，我要把员工放在第一位，客户第二位，最后才是股东。

【经营十二条】

明确事业的目的与意义；

设立具体的目标；

胸中怀有强烈的愿望；

付出不亚于任何人的努力；

销售最大化，经费最小化；

定价即经营；

经营取决于坚强的意志；

燃烧的斗魂；

临事有勇；

不断从事创造性的工作；

以关怀之心诚实处事；

保持乐观向上的态度，抱着梦想和希望以坦诚之心处世。

【经营最重要的东西】

许多人认为，企业经营最重要的是确立经营的战略，但是我认为，最重要的是那些看不见的公司风气和员工的意识。

也就是说，每一位员工都能够以自己的公司而自豪，都能够发自内心地为公司服务。

【会计七原则】

以现金为基础经营；

一一对应原则；

收入费用配比原则；

完美主义原则；

双重确认的原则；

提高效益的原则；

玻璃般透明的经营原则。

【管理理念及做好 CEO 的四项基本原则】

制度观：制度是公司发展的基石，但与制度相比，更重视人心；

激励观：员工动力一定要有物质基础，但与物质激励相比，更重视精神奖励；

利益观：与股东利益相比，更重视员工利益；

人才观：才能固然重要，但与才能相比，更重视人的品行。

【经营哲学】

划小单元，让员工像老板一样主动思考、经营；

赋权经营，快速培养经营人才；

数字化经营，形成公平、公开、公正的赛马平台，实现销售额最大化、费用最小化。

【如何确保事业成功】

希望事业获得成功，首先必须抱有梦想并沉醉于梦想。

只有沉醉于梦想，才能激发出实现梦想的热情。

当然，一旦着手于实际工作就必须进行理性的判断，防患于未然，周密考虑具体的对策，引导工作获得成功。

【论领导人的资质】

具备使命感是领导人首先必须具备的最基本的资质；

明确地描述目标并实现目标，让目标成为每位员工的工作指针；

挑战新事物，领导人害怕变革，失去挑战精神，团队就开始步入衰退之路；

获取众人的信任和尊敬；

抱有关爱之心，领导人不能依靠强权。

【经营忠告】

先员工之苦而苦，后员工之甜而甜；

你爱员工，员工才会爱客户；

不应该要求部下自我牺牲；

珍视员工，就会产生凝聚力；

石墙缝里闪光的小碎石同样重要。

读书笔记

读书笔记

公司简介

和效咨询成立于2013年，开创了国内《阿米巴自运营》《绩效阿米巴》新品类，是国内唯一一家系统性落地阿米巴的专业咨询公司。平均从业20年的咨询师团队皆来自国内外顶尖咨询机构的精英，我们已深入上千家企业进行咨询辅导，我们对全国33个城市、315家企业、1958位企业高管展开深入调研，只为成就企业10年利润持续增长！和效咨询成就企业非凡利润的故事还在继续……

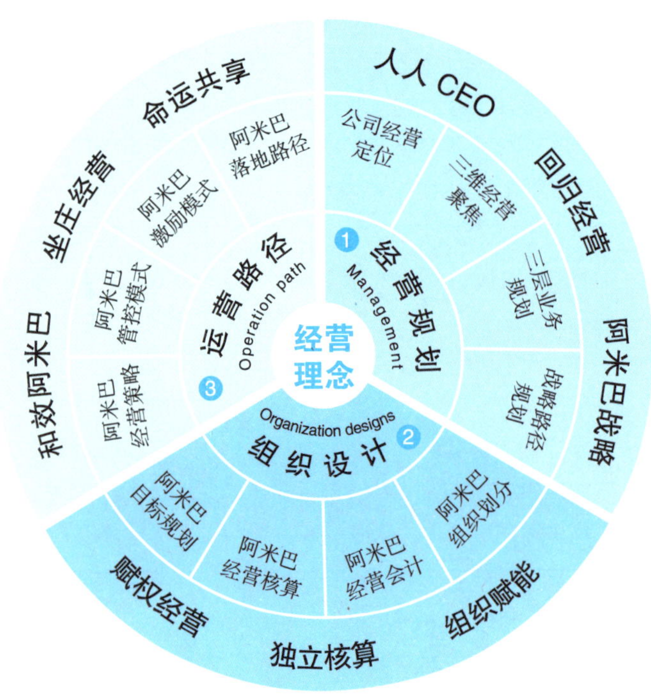

咨询电话：13816565545
网　　址：www.hezing.com